ゼロから始める中国語

文法中心

輿水 優著

三修社

トラック対応表

Track		ページ	Track		ページ
1	発音ガイド	3	19	第18課	84
2	第1課	16	20	第19課	88
3	第2課	20	21	第20課	92
4	第3課	24	22	第21課	96
5	第4課	28	23	第22課	100
6	第5課	32	24	第23課	104
7	第6課	36	25	第24課	108
8	第7課	40	26	第25課	112
9	第8課	44	27	第26課	116
10	第9課	48	28	第27課	120
11	第10課	52	29	第28課	124
12	第11課	56	30	第29課	128
13	第12課	60	31	第30課	132
14	第13課	64	32	課外読物I	136
15	第14課	68	33	課外読物II	140
16	第15課	72	34	課外読物III	144
17	第16課	76	35	課外読物IV	148
18	第17課	80			

まえがき

　わたしたち日本人にとって，中国語ほど取り付きやすい外国語はないでしょう。かりに中国語を学んだことがなくても，目で見るかぎりは，漢字のおかげで文意がとれそうな気がします。

　しかし，この点こそ中国語学習者の多くが乗り越えにくい障壁になるのです。ベテランでさえうっかり日本語の目で読んでしまうことがあります。まして初歩の段階では，なんとなく分かるけれども，どんな構文なのかもつかめず，学んだことが自分ではっきりしない人が多いのです。

　この本では，入門者がこのような道をたどることなく，中国語の基本的な組み立てを確実に把握できるよう，最短コースを用意しました。各課には，それぞれ5句の短文があります。30課ですから合計150句です。これだけで中国語の文法の基礎がほぼ網羅されていますが，後に続く説明でさらに日常よく用いる表現や単語を補いました。練習問題で学習結果をチェックしつつ進み，本文150句が暗唱できるくらいになれば，巻末の4篇の文章を読んでも，内容が頭にすっきりと入るでしょう。

　中国語は目で見て分かったような気になると申しましたが，口の方はそんなことですみません。巻頭の発音ガイドを一読し，本文でローマ字などが分からなくなったら，二度でも三度でもガイドを読み返してください。そして付録の Disc の活用と反復練習が上達の早道です。

　本書の執筆に当たっては，著者のテレビ・ラジオ講座における経験を生かし，講座の1年間がこの1冊に凝縮するよう，努力したつもりです。週末は復習にあてても，集中すれば8週以内でゴールに入れるでしょう。

著　　者

目　　次

まえがき
中国語の学び方 ――――――――1
ローマ字表記法 ――――――――2
発音ガイド ――――――――――3
漢字ガイド ―――――――――15
文法ガイド ―――――――――15

第1課　彼女は来なかった ―――――――――――16
§1 文のくみたて　§2 人称代名詞（単数）　§3 中国語の動詞　§4 文末の助詞"了"　§5 打ち消しの副詞　§6 動詞"来"の使い方

第2課　彼らはみな元気です ―――――――――20
§1 文のくみたて　§2 "你"と"您"　§3 人称代名詞（複数）　§4 形容詞述語　§5 副詞の使い方　§6 中国語のあいさつ

第3課　これはあなたのです ――――――――――24
§1 文のくみたて　§2 指示代名詞　§3 動詞"是"の使い方　§4 助詞"的"の使い方　§5 名詞に対する修飾語（定語）　§6 指示代名詞"这"の使い方

第4課　あしたは水曜です ―――――――――――28
§1 文のくみたて　§2 名詞述語文の打ち消し　§3 数詞（Ⅰ）　§4 日づけの表現　§5 曜日の表現　§6 数量詞　§7 時刻の表現　§8 年齢の表現

第5課　ごはんを食べたら，すぐ出かけます ―――32
§1 文のくみたて　§2 動詞と賓語の意味関係　§3 動詞の完成態"了"　§4 完成態の打ち消し　§5 二重賓語　§6 動詞"吃"と"喝"

第6課　中国語を1年学んだ ――――――――――36
§1 文のくみたて　§2 数量賓語　§3 時間量の単位　§4 回数の単位　§5 数量詞と文末の助

詞"了"　§6　いろいろな外国語の呼び名

第7課　**ちょっと見てみたい** ──────── 40
　　　§1　文のくみたて　§2　不定数量詞　§3　"一会儿"と"一点儿"　§4　動詞から借用された動量詞　§5　願望をあらわす助動詞　§6　必要・当然をあらわす助動詞　§7　可能をあらわす助動詞

第8課　**きょうはひまがない** ──────── 44
　　　§1　文のくみたて　§2　場所代名詞　§3　量詞（助数詞）　§4　動詞"有"の使い方　§5　"有"と"在"の比較

第9課　**壁に1枚の絵がかかっている** ──────── 48
　　　§1　文のくみたて　§2　場所詞　§3　名詞の場所化　§4　場所名詞　§5　動詞の持続態"着"　§6　副詞"正在"の使い方

第10課　**おととい大事件が起った** ──────── 52
　　　§1　文のくみたて　§2　現象の表現　§3　数量詞の数詞省略　§4　方位詞

第11課　**昼寝をしたことがない** ──────── 56
　　　§1　文のくみたて　§2　当否疑問文のいろいろ　§3　反復疑問文のいろいろ　§4　動詞の経験態"过"　§5　動賓タイプの動詞

第12課　**なぜ知らせなかったの？** ──────── 60
　　　§1　文のくみたて　§2　疑問詞のいろいろ　§3　疑問詞の非疑問用法　§4　"了"と"的"　§5　"的"の省略

第13課　**ごはんはもう食べ終った** ──────── 64
　　　§1　文のくみたて　§2　主語となる成分　§3　主語と述語の関係　§4　主語の制約　§5　動詞の時制　§6　助動詞"不能"の使い方

第14課　**どうして彼に聞いてみないの？** ──────── 68
　　　§1　文のくみたて　§2　動詞のかさね形　§3　人称代名詞"咱们"　§4　反語の表現

第15課　これは古いセーターです ——————————————72
　　§1　文のくみたて　　§2　名詞に直接むすぶ定語
　　§3　"的"をともなう定語　　§4　定語と"的"の有無
　　§5　同格の関係になる修飾連語　　§6　形容詞"多"
"少"が定語になる場合

第16課　部屋の中はひっそりしている ——————————76
　　§1　文のくみたて　　§2　状語になる成分　　§3
助詞"的"をともなう状語　　§4　形容詞のかさね形
（状態形容詞）　　§5　状態形容詞（形容詞のかさね
形）の語尾

第17課　駅から遠くありません ———————————————80
　　§1　文のくみたて　　§2　介詞と介詞連語　　§3
介詞"从"と"离"のちがい　　§4　主語の分類・所属
を説明する"…是〜的"　　§5　序数の表現

第18課　彼は一流大学に合格した ——————————————84
　　§1　文のくみたて　　§2　結果補語　　§3　方向補
語　　§4　連詞（接続詞）

第19課　部屋をちょっとかたづけなさい ————————————88
　　§1　文のくみたて　　§2　介詞"把"を使った処置文
　　§3　介詞"连"を使った強調文　　§4　禁止の表現
　　§5　数量詞"一下"

第20課　トラはつかまえられた ———————————————92
　　§1　文のくみたて（受け身文）　　§2　受け身の介詞
　　§3　受け身文の動詞　　§4　受け身の介詞を使わな
い受け身文　　§5　常用される結果補語

第21課　彼はわたしより少し背が高い ————————————96
　　§1　文のくみたて（比較文）　　§2　介詞"比"を用い
た比較表現　　§3　"没有"を用いた比較表現　　§4
介詞"跟"を用いた比較表現　　§5　介詞"比"を用い
た慣用句

第22課　オートバイに乗って行きたい ————————————100
　　§1　文のくみたて　　§2　連述連語のいろいろ

§3 第1の述語に動詞"有"を用いる場合　§4 動詞"借"の使い方

第23課　彼をふんがいさせた ──────── 104
§1 文のくみたて（兼語文）　§2 兼語連語　§3 使役の表現　§4 受け身と使役　§5 使役の意味をもつ動詞　§6 願望・決意をあらわす"让"の使い方

第24課　李白という詩人がいた ──────── 108
§1 文のくみたて（兼語文）　§2 使役表現以外の兼語文　§3 第1の動詞に"有"を用いる兼語文　§4 第1の動詞に"给"を用いる兼語文　§5 兼語文とまぎらわしい文のくみたて

第25課　彼は講堂に入って来た ──────── 112
§1 文のくみたて　§2 複合方向補語　§3 方向補語と賓語　§4 複合方向補語と一般の賓語　§5 方向補語の派生義

第26課　そんなに大勢の人は坐れない ──────── 116
§1 文のくみたて　§2 結果補語，方向補語と可能補語の関係　§3 その他の可能補語　§4 可能補語と助動詞の関係

第27課　彼は起きるのが早いですか？ ──────── 120
§1 文のくみたて　§2 状態補語　§3 状態補語と可能補語　§4 程度副詞

第28課　このリンゴはとてもあまい ──────── 124
§1 文のくみたて　§2 いろいろな感嘆文　§3 感嘆詞　§4 程度をたずねる"多(么)"の使い方　§5 数詞（100以上の数え方）

第29課　買えるだけ，買いなさい ──────── 128
§1 文のくみたて　§2 同じ疑問詞を呼応させる用法　§3 その他の非疑問用法　§4 疑問数詞"几"と"多少"　§5 副詞"就"と"才"

第30課　水の中に入れてもとけにくい ——————132
　　　§1 文のくみたて　§2 関連をしめす語句を用いた複文　§3 関連をしめす語句を用いない複文　§4 補語の位置に置かれた介詞連語

課外読物
　Ⅰ　珊　瑚（サンゴ）——————————136
　Ⅱ　濫　竽　充　数（能力のない者を入れ，頭数
　　　を揃える話）——————————140
　Ⅲ　磨　杵　成　針（鉄の棒でも，とげば針に
　　　なる話）——————————144
　Ⅳ　金　鱼　迷（金魚マニア）——————148

練習問題解答 ——————152

中国語の学び方

　中国では中国語を指して「漢語」と呼ぶことが少なくありません。これは漢民族の言語という意味です。中国には60にも及ぶ民族が住んでいますが，12億に近いといわれる総人口のうち，94％を占めるのがこの漢民族です。しかし，漢民族の言語に限定しても，中国語を話す人は10億をはるかに超えるのですから，中国語はもちろん世界で使用人口のもっとも多い言語です。

　地図をひろげるとすぐわかるように，中国の国土は広く，面積は日本の26倍もあります。したがって方言も数多く存在しますが，この本で学ぶのは中国で"普通話（＝话）"と呼んでいる共通語です。北方の方言を基盤とし，北京の発音を標準としていますから，北京語という人も少なくありません。中国でも学校教育をはじめ，公共の場では共通語を使いますから，方言が多いといっても心配はいりません。

　中国語は，日本人にとってもっとも親しみやすい外国語です。それは中国語が漢字で書きしるされるため，なんとなく意味がつかめるような感じがするからです。実際，日本語のなかには中国語から借りて来た漢語がたくさんあります。意味ばかりでなく，字音さえちょっと似ているものがあります。しかし，現実にはこのような親近感がかえって安易な取り組みを誘いがちです。日本語が中国語から借用した漢字や漢語は，多くが古代中国語であり，現代中国語とは大なり小なりへだたりがあります。

→ 中国からみると日本は漢字と漢語の博物館

　同じ漢字といっても，中国と日本では使い方に相当のちがいがあります。目で見てすぐわかるはずの字形でさえ，簡略化の過程で大きな開きが生じました。中国でいう「漢語」も，正しくは"汉语"と書きます。また，中国と日本でまったく同じ漢字を書くことばでも，読み方まで同じということはありません。われわれ日本人は中国語を学ぶにあたって漢字に目をうばわれることなく，耳と口を十分に使うよう心がけるべきです。勉強の第一歩として，発音を学びますが，漢字ではアルファベットのようにすぐそのまま読めませんから，ローマ字による発音表記をおぼえることになります。中国語は左横書きですし，ローマ字で表音もしますから，その点ではやはりヨコ文字というわけです。

中国の小学生もはじめはローマ字を学ぶ
もちろん、カナはない（あたりまえ！！）

ローマ字表記法

中国語の発音表記にはいくつかの方式があります。その中で，いま国際的にも認知され広く使用されているのは"拼音字母"（ピンインツームゥー）と呼ぶローマ字です。英語のアルファベットをそのまま使うため便利ですが，それぞれの字母の読み方やつづりの発音は英語とへだたりのあるものが少なくありません。たとえば can というつづりは［ツァン］，women というつづりは［ウォーメン］，といった具合です。ローマ字つづりを英語のつもりで発音しないように気をつけてください。以下，ローマ字表記のきまりをおぼえると同時に，それぞれを中国語ではどのように発音するのか，学んでいくことにします。付録の Disc を利用して，つづりと実際の発音が一体化するよう，努力してください。なお，この本のローマ字表記では，便宜的に大文字を使わず，また句読点を付さないなど，規則を簡略化しています。

ローマ字に慣れるまでの手がかりとして，この本ではカタカナによる発音ルビも添えてあります。ローマ字と併記されていますが，学習段階に応じて，まずカナ表記にたよることをやめ，さらにローマ字表記にたよることもやめて，なるべく早いうちに漢字だけですぐ中国語の発音ができるようにしましょう。

カタカナ表記はあくまでも便宜的なもので，中国語の発音をすべて忠実にうつすことはできません。なかでも次の諸点はもともとカナによる区別がむずかしいため，表記に工夫をしました。以下のきまりをよくおぼえてください。

（1）複合母音で音節末尾の n はカタカナの「ン」，同じく ng はひらがなの「ん」でしめす。
（2）子音のうち無気音と有気音の対立は，後者を太字にすることでしめす。
（3）子音のうちそり舌音はカタカナの上部に補助符号を加え，「チチシリ」などのようにしめす。同様に捲舌母音も音節末尾を「ル」としめす。

なお，中国語はそれぞれの音節に高低や上げ下げの調子（四声）がつくため，ローマ字つづりが同じでもカタカナ表記は調子によってことなる場合があります。

発音ガイド

§1 四声

〔手書き注: 方言には最高九声まである　共通語がいちばんカンタン〕

　中国語の発音はむずかしい，という人がいますが，英語などにくらべ母音の数も少ないし，子音もそれほど変わった音があるわけではありません。おそらく，声調（せいちょう）あるいは四声（しせい）といって，それぞれの音節についている高低や上げ下げの調子が，はじめはむずかしく感じられるのでしょう。しかし，この調子もわずか4種だけですから，だれでもすぐ慣れるはずです。

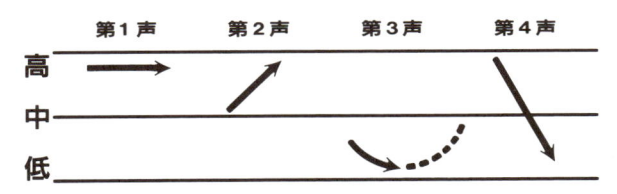

　　　第1声　　第2声　　第3声　　第4声

高
中
低

第3声は，第3声以外の声調がつづくと，左図の点線部が消えます（半3声）。

　ふつうひとつの音節はひとつの漢字で書きしるされますから，それぞれの漢字に，上の4種の調子（「声調」あるいは「四声」）のいずれかがついています。どの漢字がどの調子になるかは，別に対応の法則があるわけではありません。

第1声　　高く，平らにのばす。　　　　ā　　　mā
　　　　　　　　　　　　　　　　　　 アー　　マー
　〔→高く，そしてややのばす〕
第2声　　一気にひっぱり上げる。　　　á　　　má
　　　　　　　　　　　　　　　　　　 アー　　マー
　〔→スタートはやや低めに〕
第3声　　低くおさえる。　　　　　　　ǎ　　　mǎ
　　　　　　　　　　　　　　　　　　 アー　　マー
　〔→とにかく低くする〕
第4声　　一気に下げる。　　　　　　　à　　　mà
　　　　　　　　　　　　　　　　　　 アー　　マー
　〔→スタートは高いところから〕

　声調符号は母音の上（複合母音では主母音の上）につけます。
　iの上に声調符号をつける場合は，iの上の点を取り，ī í ǐ ì とします。
　軽声（けいせい）といって，本来の声調が消え，軽く短く発音する音節があります。軽声には声調符号がありません。

〔手書き注: 常に軽声のものと　臨時に軽声になるものとがある〕

§2　単母音

ローマ字表記で基本となる母音字には次の6つがあります。

a	o	e
アー	ゥオー	オー

このグループは複合母音のなかで強い母音（主母音）となります。

i	u	ü
イー	ウー	ユィ

このグループは複合母音のなかで強い母音（主母音）になりません。

上の6つの母音字のうち，下段の3つは母音だけで音節を構成する場合，次のように，つづりが変わります。しかし発音は変わりません。

yi	wu	yu
イー	ウー	ユィ

→つづりはちがうが発音は同じ

したがって mi の i と yi は同音です。また mu の u と wu も同音です。

発音のコツ

口の形がちがうだけで音色が変わる

a：日本語の「ア」より，口をずっと大きく開ける。
o：日本語の「オ」より，唇をまるくして前に突き出す。
e：口をやや左右にひき，日本語の「エ」の口の形で「オ」という。

◆ o と e のちがい

　双方とも「オ」の音ですが，o は口をまるく前に出し，e は左右にひくので，実際の音色がちがいます。o をきちんと発音してから，唇を左右にひくと e になります。そのとき，あごも後へ若干ひくようにします。

i（＝yi）：日本語の「イ」より，口を左右に強くひく。
u（＝wu）：日本語の「ウ」より唇をまるくして，口を前に突き出す。
ü（＝yu）：唇をややすぼめて，「イ」の音を出す。「ユイ」ではない。

◆ i と ü のちがい

　双方とも「イ」の音ですが，i は口を思いきり左右にひき，ü は唇の中央部をすぼめて口先で発音するので，実際の音色がちがいます。

鏡で口の形を確かめてみよう

§3 二重母音

〔手書き: a, o, e グループと i, u, ü グループ〕

単母音の2つのグループから，それぞれ1つずつ取り出してくみ合わせます。ただし，すべてのくみ合わせができるわけではありません。

二重母音では単母音の場合と同じ母音字でも発音のことなるものがあります。

ai	ei	ao	ou
アイ	エイ	アウ	オウ

このグループは強い母音が前に置かれています（強＋弱）。

上の4つのうち，ao は本来 au とつづるべきものを，筆記体のu が n とまぎらわしいので，an とまちがわないように o にしたものです。

この4つの強＋弱のくみ合わせをそれぞれ逆にすると次のグループになります。

ia	ie	ua	uo	üe
ィア	ィエ	ゥア	ゥオ	ュエ

このグループは強い母音が後に置かれています（弱＋強）。

上の5つのうち üe は強＋弱のグループに対応するものがありません。

単母音の場合と同じように，下の i・u・ü ではじまる音節は母音だけの場合，次のようにつづりが変わります。

ya	ye	wa	wo	yue
ィア	イエー	ゥアー	ウォー	ュエ

〔手書き: つづりはちがっても発音は同じ〕

発音のコツ

ai：「ア」をはっきりと，「イ」は口を左右にひかず，軽く添える。
ei：二重母音では，e は日本語の「エ」に近い。「イ」は軽く添える。
ao：a と o を切り離さず，「アオ」よりも「アウ」に近く発音する。
ou：唇をまるくして「オ」を出してから，口をやや突き出し「ウ」という。
ia(=ya)：二重母音の i は口を左右にひかない。「ヤ」ではなく「ィア」。
ie(=ye)：e は日本語の「エ」に近い。i は軽く「ィエ」。
ua(=wa)：まず唇をややまるくして「ゥア」。
uo(=wo)：まず唇をまるくし，しだいに口をひろげて「ゥオー」。
üe(=yue)：まず唇をすぼめてから「ュエ」。e は日本語の「エ」に近い。

〔手書き: 複合母音の声調は強い母音 a, o, e につける〕

§4 三重母音

　強＋弱の構成になる二重母音は，その前に i または u を加えた三重母音をつくります。したがって三重母音は4つしかありません。

uai	u[e]i	iao	i[o]u
ゥアイ	ゥエイ	ィアウ	ィオウ

中央の主母音を欠く場合，声調符号は尾音につけます。

　これらの前に子音がつくと〔　〕内の母音はつづりから省略されます。
　反対に，子音がつかず，母音だけの音節となる場合は，次のようにつづりが変わります。

wai	wei	yao	you
ゥアイ	ウェイ	ヤウ	ヨウ

　三重母音の発音で注意すべき点は，uei → -ui と iou → -iu の2つの音節が，第なん声かにより，また前につく子音などによって，その発音に若干のちがいが生ずることです。

発音のコツ

uai(＝wai)：はじめにやや唇をまるくし，「ワイ」よりも「ゥアイ」に。

u[e]i(＝wei)：前に子音がつかないとき，および子音が g・k・h のときは，中間にあいまいな母音が聞こえて「ゥエ」に近く，その他の子音とむすぶときは第3声と第4声で同様に「ゥエ」となるが，他の場合は「ゥイ」に近い。母音だけの wei は「ウェイ」となる。

guī	guí	guǐ	guì
クゥエ	クゥエ	クゥエー	クゥエ
suī	suí	suǐ	suì
スゥイ	スゥイ	スゥエー	スゥエ

クイ，スイとならないように！

iao(＝yao)：尾音の o はもともと u なので「ヤオ」よりも「ィアウ」に。

i[o]u(＝you)：一般的にはつづりと関係なく，第1声と第2声では o の音があまり聞こえず「イウ」，第3声と第4声で o が聞こえて「ィオウ」に近い。

yōu	yóu	yǒu	yòu
イウ	イウ	ヨーウ	ヨウ

e→第1声と第2声は英語の you に近い

§5 尾音 n・ng のついた複合母音

> 舌を英語のthの発音に似て、歯の間に入れる人もいる

日本語ではnとngを意識的に区別はしませんが、「アンナイ（案内）」はn，「アンガイ（案外）」は ng と，自然に使い分けている例もあります。中国語では音節末尾のnとngをはっきり分けなければいけません。

-n 舌の前の部分を上の歯ぐきにつけたまま離しません。「ン」より「ヌ」のように。

-ng 舌のつけ根をもち上げ，舌の先はどこにもつけません。nとgの2音ではありません。

> ンゲではあ～りません

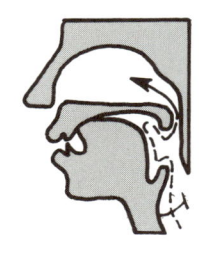

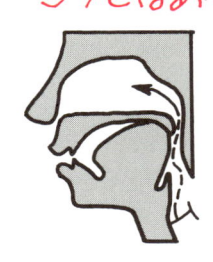

尾音にnあるいは ng のつく複合母音は合計16もあります。

an	ian	uan	üan
	(yan)	(wan)	(yuan)
アン	イエン	ゥワン	ユアン

ian はつづりと実際の発音とにズレがあります。
（ ）内は母音だけの場合。

> つづりどおりに発音してちゃダメ×

ang	iang	uang
	(yang)	(wang)
アん	イアん	ウアん

> カナ表記の「ン」と「ん」の区別に注意！

（ ）内は母音だけの場合。

en	in	u[e]n	ün
	(yin)	(wen)	(yun)
エン	イン	ウエン	ュィン

u[e]n は子音が前につくとeを略します。
（ ）内は母音だけの場合。

eng	ing	[ueng]
	(ying)	(weng)
オん	イん	ウォん

ueng(＝weng) は母音だけの音節で，子音を前に置くことがありません。
（ ）内は母音だけの場合。

ong	iong
	(yong)
ゥん	ュウん

ong はかならず子音とむすび，母音だけでは音節を構成しません。
（ ）内は母音だけの場合。

> ongはもともとungとつづるべき音
> iongはüngのつもりで

7

> 発音のコツ

an：口を大きく開け明るい音色の「ア」から，舌先を上の歯ぐきへあてる。
ian（＝yan）：前後が口の開きの狭い音なのでaは「ア」から「エ」になる。
uan（＝wan）：an の前に唇をまるくした「ウ」が加わり，「ゥワン」。
üan（＝yuan）：an の前に唇をすぼめた「ユ」が加わり，「ユアン」。
　→ ianの影響で「ユエン」ということもある
ang：口の奥で「ア」を出すようにし，最後は口を開けたまま「アん」。
iang（＝yang）：ang の前に軽く「イ」が加わり「イアん」。
uang（＝wang）：ang の前に唇をまるめた「ウ」が加わり「ウアん」。

en：「エ」とも「ア」ともつかない，あいまいな母音で「エン」。
in （＝yin）：「イ」を出してから，舌先を上の歯ぐきにあてて「イン」。
u[e]n（＝wen）：en の前に唇をまるめた「ウ」が加わる。主母音eの聞こえる条件は uei の場合と同じ。母音だけの場合の wen は「ウエン」。
ün（＝yun）：üが「ユィ」のようになりiの音がやや入って「ユィン」。
eng：e は ng に影響され，口の奥で発音したような音色の「オん」。
ing（＝ying）：i は口を左右にひき，息を鼻へ十分に通すように「イん」。
weng：子音が前につくことはなく，常に weng で「ウォん」。
ong：かならず前に子音を加える。本来は ung とつづるべき音で「ゥん」。
iong（＝yong）：唇をすぼめ，まず短くüの音を出して息を鼻へ。「ュウん」。

（欄外注）nとngのちがいでaの音色が異なる
こちらはeの音色が異なる

§6　尾音nと ng の見分け方

　日本の漢字音には，中国の古い字音のなごりがあります。時代がへだたっているため，現代音と完全に対応はしませんが，それでも字音の似ている例が少なくありません。とくに「中国語でnで終わる音節は，日本語でも『ン』で終わる」という対応ルールは例外が少数で， n と ng の区別に有効です。

　　　　　　　　　　　　　　日本人には便利なルール

§7 捲舌母音

舌をそり上げて発音する母音が1つあります。

自然に口を開けて出る「エ」とも「ア」ともつかない，あいまいな母音を出してから，すぐ舌を少しひっこめるようにして，舌先を上あごに向けそり上げ，「ル」を発音すると捲舌音の「アル」になります。

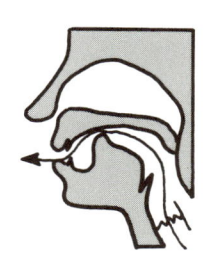

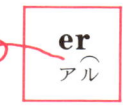

| er |
| アル |

この捲舌母音が接尾語として用いられた場合は r とだけつづります。捲舌母音に子音がつくことはありません。

§8 語尾の捲舌化

北京語ではr化が目立つ でも勝手にr化させてはいけない

カナ表記では

捲舌母音 er が接尾語となった場合は，その前の音節につづけて舌先をそり上げ軽く「ル」を発音します。このようにして語尾が捲舌化した音を r 化音（アル化音）と呼んでいます。

語尾の捲舌化によって，もとの音節に音の変化や脱落の生ずることがあります。この場合，ローマ字つづりはもとのままなので，実際の発音とのズレが生ずることもあります。捲舌化のルールは次の通りです。

(1) -a, -o, -e, -u で終わる音節の場合：捲舌化しても変化なし。
(2) -ai, -ei, -an, -en で終わる音節の場合：i や n を発音しない。
(3) -ng で終わる音節の場合：ng を発音せず，その前の母音が鼻音化。
(4) -i, -ü で終わる音節の場合：もとの音節に，さらに er が加わる。
(5) -ie, -üe と zhi・chi・shi・ri（p.11）および zi・ci・si（p.12）の場合：もとのつづりの e や i を発音せず er が加わる。
(6) -in, -un, -ün, -ui で終わる音節の場合：もとのつづりの n や i を発音せず er が加わる。

このルールは 実例で覚えればカンタン

§9 子音

中国語の子音は合計21あります（尾音のみに現れる ng は含みません）。
中国語の子音には濁音がなく，清音に無気音と有気音の区別があります。

> 無気音を濁音にしないように

無気音とは，発音するときに破裂が弱く，息がはっきりと流れないものです。
有気音とは，発音するときに破裂が強く，息がはっきりと流れるものです。

〔例〕　無気音 bo［po］　　　　有気音 po［pʻo］

［p］	［o］

［p］	///	［o］

> 「ポォ」に対して「プォ」のつもりで

無気音，有気音とも音声記号としては［po］で同じなのですが，有気音はpとoの間に息を強く出す部分（右図の斜線部分，記号では ʻ ）があります。
　したがって，無気音は子音から母音にすぐつなぐように，有気音は子音から母音にうつる前にやや間をあけ，息を吐き出すようにします。
　以下，子音を発音部位ごとに分けてみましょう（練習の便宜のため，それぞれ母音を加えます）。このうち無気音と有気音の対立は6組あります。

唇音	**bo**	**po**	**mo**	**fo**
	ポー	ポー	モー	フォー

> oは口を丸くして息を出す

発音のコツ

b（無気）── p（有気）：唇を閉じ，日本語のパ行音を，bは息を弱くして出し，pは息を強く吐くようにして出す。

m：日本語にくらべ，上下の唇を強くふれ合わせる。

f：英語のfと同じで，上の歯と下の唇をふれ合わせる。

> 濁音ではありません

舌尖音	**de**	**te**	**ne**	**le**
	トォー	トォー	ノォー	ロォー

> eは「エ」の口で「オ」という

発音のコツ

d（無気）── t（有気）：舌先を上の前歯にふれ，日本語のタ行音を，dは息をおさえて，tは息を強くして出す。

n：舌の先を上の歯ぐきにしっかりつける。

l：舌の先を上の歯ぐきにつけたまま，息が外に出る。

> 基本的に英語のlと同じだが r との対立はない

舌根音	**ge**	**ke**	**he**
	コォー	コォー	ホォー

「ゲー」ではない（ge の上）
e は「エ」の口で「オ」という

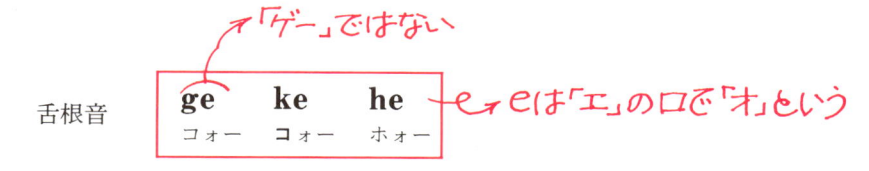

発音のコツ

g（無気）── k（有気）：日本語のカ行音を，g は弱く，k は強く出す。

h：「ハーッ」と息を吐くように，のどの奥から強い摩擦音を出す。

舌面音	**ji**	**qi**	**xi**
	チー	チー	シー

i は口を左右に強くひく

発音のコツ

ローマ字の読み方が英語などとちがって覚えにくい

j（無気）── q（有気）：舌の先を下の前歯にふれて，日本語の「チ」のように，j は息をおさえ，q は息を強く出す。

x：舌の先を下の前歯にふれ，日本語の「シ」に似た音を出す。

そり舌音	**zhi**	**chi**	**shi**	**ri**
	チー	チー	シー	リー

i は口を左右にひかない

そり舌音（捲舌音とも呼ぶ）は，舌をそり上げることが肝要です。 大切！
zh・ch・sh はアルファベット２字で書きますが，単一の音です。

発音のコツ
アルファベット26文字で足りないから

zh（無気）── ch（有気）：舌をいくらか，のどの方へひき，スプーンの形にするつもりで，舌先を歯ぐきよりやや上方の，上あごの落ちこんだところへ向けてそり上げ，舌先の裏側をつけて「チ」といいます。

　　zh は無気音ですから息をおさえて出し，ch は有気音ですから息を強く出します。

sh，r：舌先をそり上げるところまでは上の zh や ch と同じですが，sh と r は舌先の裏側を上あごに近づけるだけで，そのすき間に息を通し，sh は「シ」，r は「リ」を発音すると，それぞれ「シ」「リ」となります。

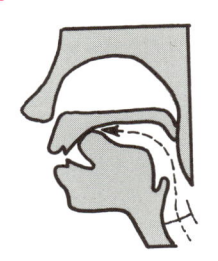

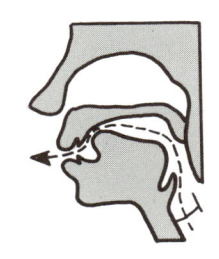

（左余白）スプーンの形にそり舌をする

舌歯音	zi	ci	si
	ツー	ツー	スー

→ i は口を左右にひかない
ツィー スィーとしないこと

発音のコツ

z（無気）—— c（有気）：舌の先を上の前歯にあて，唇を左右にひいて「ツ」を発音する。z は息をおさえ，c は息を強く吐いて出す。

s：舌の先を下の前歯にあて，日本語の「ス」に似た音を出す。

§10　子音につづく i

子音のうち，そり舌音 zh・ch・sh・r の後につづく i と，舌歯音 z・c・s の後につづく i は，これらの子音を発音すると自然に出てくる，緊張のゆるんだ，あいまいな母音をしめしています。その他の子音の後につづく i のように唇を左右に強くひいて出す必要はありません。

§11　子音につづく ü

子音のうち，舌面音 j・q・x につづく ü は u に書きかえます。これは，舌面音が母音 u とはむすばないので，混同するおそれがないからです。ただし，舌尖音 n・l は ü ばかりでなく u ともむすぶので，ü を書きかえることはありません。

§12　母音だけの音節の書きかえ

すでに学んだように，i・u・ü で始まる音節に子音がつかず，母音だけの音節となる場合は，ローマ字つづりを書きかえます。これはその前の音節との切れ目をしめすために行うものです。

i-　　他に母音字があれば i を y に変え，i だけなら yi とする。
u-　　他に母音字があれば u を w に変え，u だけなら wu とする。
ü-　　すべて yu に書きかえる。

→ 弱い母音は子音に結ばないとすべて書き換え

この書きかえルールがないと，次のような場合に区別がつかなくなります。

ai		1音節	（例）愛	ài	アイ	：愛する
a｜i	→ ayi	2音節	（例）阿姨	āyí	アー｜イー	：おばちゃん

子供が大人の女性に呼びかける場合

§13　隔音符号

　　i・u・ü などは，母音だけの音節の場合，つづりを書きかえて前の音節との切れ目をつけますが，a・o・e などの母音では書きかえをしないかわりに，必要な場合は隔音符号（'）を使用します。　→音節の切れ目を示す符号

xian　　｛ xī'ān〔西安〕：西安（都市名）
　　　　　 xiān〔先〕：先に

§14　母音字の読み分け（復習）

　　単母音と複合母音では，同じ母音字でも発音のことなる例がありました。

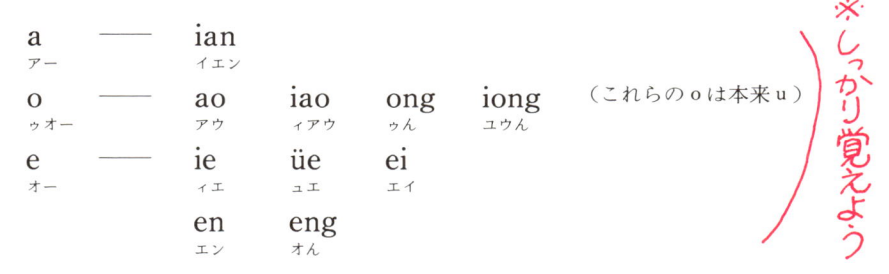

a	—	ian			
アー		イエン			
o	—	ao	iao	ong	iong
ゥオー		アウ	ィアウ	ゥん	ユゥん
e	—	ie	üe	ei	
オー		ィエ	ュエ	エイ	
		en	eng		
		エン	オん		

（これらの o は本来 u）

※しっかり覚えよう

　　なお，e を感動詞として単用する場合は ê〔エー〕とつづります。

§15　音節の構成

　　これまでに学んだ母音と子音をくみ合わせ，これに声調をかぶせれば，中国語のひとつひとつの音節が出来上がります。
　　中国語の音節には，日本語のアイウエオに似た母音だけのものと，カキクケコに似た子音＋母音のものがあります。どの音節も母音を欠くことはできません。母音には単母音ばかりでなく，いろいろなタイプの複合母音があります。子音が二つならぶ二重子音はありません。　←母音優勢の言語
　　音節の総数は400あまりですが，これに四声がつきますから正確には約1300になります。音節によってすべての声調が揃わないため，400×4 とはなりません。

→ちょっと多いようだが、これだけしかないのだから
　英語や日本語よりカンタン

§16 声調の変化

(1) 第3声の後に第3声がつづくと，前の第3声は第2声に変化します。

nǐ hǎo（你好） → ní hǎo

第3声の後に第3声以外の声調や軽声がつづくと，第3声は半3声になります（p.3）。いずれの場合も声調符号は元の第3声のままで変わりません。

(2) 第3声の後に，もともと第3声で臨時に軽声となった音節がつづくときは単語によってつぎの2通りの発音があります。
   ① 第2声＋軽声　　nǎli ─→ náli（哪里）
   ② 第3声＋軽声　　jiějie（姐姐）

(3) 数詞の"一、七、八"はそれぞれ第1声ですが，後に第4声がつづくと，第2声に変化することがあります。さらに"一"だけは後に第2声がつづくと第4声に変化することがあります（p.30）。一般に声調符号も変えます。
　　否定副詞の"不"は第4声ですが，後が第4声の場合，第2声に変化します（p.25）。一般に声調符号も変えます。

§17 軽声 (p.3)

軽声は前の音節の声調にしたがって自然にその高さがきまり，母音もあいまいになります。

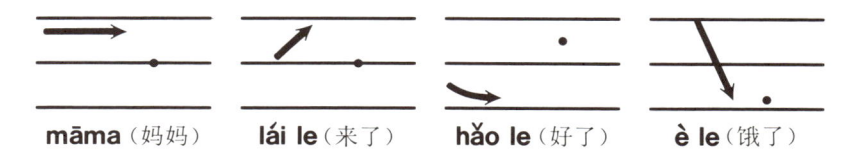

māma（妈妈）　　lái le（来了）　　hǎo le（好了）　　è le（饿了）

注　你好（こんにちは）　　哪里（どこ）　　姐姐（姉）　　妈妈（お母さん）　　来了（来ました）　　好了（よくなった）　　饿了（おなかがすいた）

漢字ガイド

　中国ではこれまで次の3つの施策によって漢字の整理や簡略化を推進してきました。その結果として，日本の漢字と字形のことなるものがかなりふえました。
　①　異体字の整理――迹跡蹟などのように書き方がいくつもある漢字を整理。
　②　漢字の簡略化――個別の簡略字と，へんやつくりの略体を制定。
　③　字形の規範化――活字も手写体を標準とし，これによっても画数を減少。
この本では，中国語の部分にすべて中国における現行の正しい字形を使っています。中国の漢字については，中国で規範とされている《新华字典》（新華字典）を参照するとよいでしょう。1990年以降の新版ならば最近の変更も見られます。

(手書きメモ: たくさんの略字が作れる)
(手書きメモ: 骨→骨、着→着 といった例が多数ある)

文法ガイド

　文法というと，活用形を暗記した思い出につながる人が多いと思います。しかし，中国語は人称や格などによって語形が変化するといった面倒なことがありません。したがって単語の品詞分類も活用形などからでなく，他の単語とどのようにむすび，どのようにはたらくかを見て決めます。品詞名は名詞・動詞・形容詞・数詞・副詞・助詞など聞き慣れたものがある一方，名詞のほか動詞にも代われる代詞，助数詞に相当する量詞，動詞と名詞のとりもちをする介詞，接続詞に相当する連詞などがあり，また名詞を小分けにして時間詞・場所詞・方位詞，形容詞を小分けにして性質形容詞と状態形容詞など，耳慣れないものもあります。
　単語と単語が一定の文法関係でむすびついた句を連語と呼び，連語はそのまま独立して文にもなれますし，単語と同様に，他の連語の構成成分にもなれます。主要な連語には，①主述連語―→主語＋述語，②動賓連語―→動詞＋賓語（＝目的語），③動補連語―→動詞＋補語，④修飾連語―→修飾語＋被修飾語（＝中心語），（修飾語は名詞などに対するものを定語，動詞・形容詞などに対するものを状語と呼ぶ），⑤並列連語，⑥連述連語―→述語性成分の連続，などがあります。

(手書きメモ: ①〜⑤は日本語のなかの漢語でも同じ)
(手書きメモ: ①地震 ②投票 ③打倒 ④新人 ⑤大小 など…)

第1課　彼女は来なかった

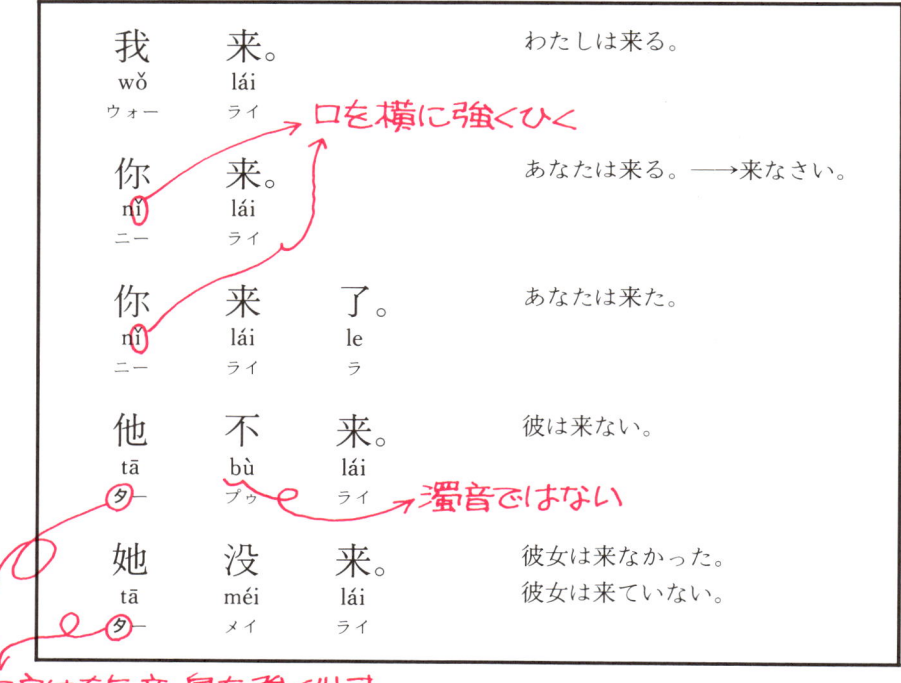

我 wǒ ウォー	来。 lái ライ		わたしは来る。
你 nǐ ニー	来。 lái ライ		あなたは来る。──→来なさい。
你 nǐ ニー	来 lái ライ	了。 le ラ	あなたは来た。
他 tā ター	不 bù ブゥ	来。 lái ライ	彼は来ない。
她 tā ター	没 méi メイ	来。 lái ライ	彼女は来なかった。 彼女は来ていない。

（手書きメモ）
- 口を横に強くひく
- 濁音ではない
- 太字は有気音、息を強く出す

§1　文のくみたて

述語に自動詞を用いた文。主語＋述語（自動詞）のくみたてになります。動詞に対する修飾語は動詞の前に置き、状語と呼びます。

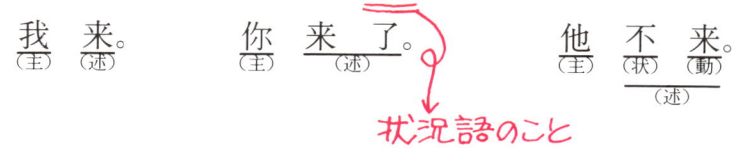

　我　来。　　　你　来　了。　　　他　不　来。
　(主)(述)　　 (主)(述)　　　　(主)(状)(動)
　　　　　　　　　　　　　　　　　　　 (述)

（手書きメモ）状況語のこと

§2　人称代名詞（単数）

日本語のように，時と場合や男女の別などによって使い分けることはありません。ただし，3人称は文字の上でのみ男女を区別して書きます。

1 人 称	2 人 称	3 人 称
我 ウォー	你 ニー	他／她 ター　ター

3人称で人間以外については"它"と書きます。

§3　中国語の動詞

中国語には語尾の変化する「活用」がありません。主語の人称が変わっても，現在でも過去でも，単数でも複数でも動詞の語形は同じです。

我　来。　你　来。　他　来。　彼は来る。
wǒ　lái　　nǐ　lái　　tā　lái
ウォー　ライ　　ニー　ライ　　ター　ライ

§4　文末の助詞"了"

文末に助詞"了"を置くと，新しい事態を確認する語気が加わります。

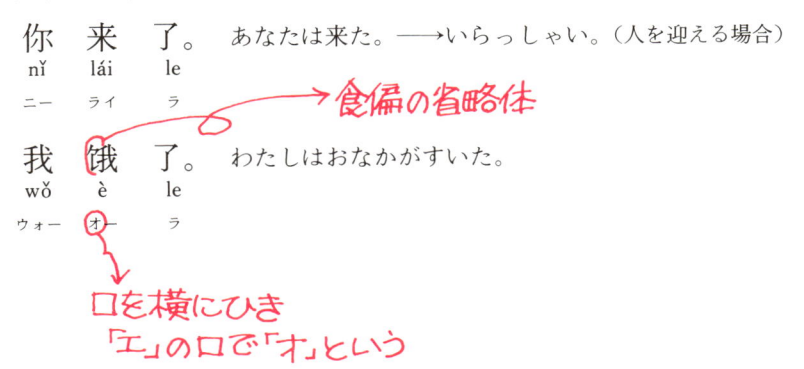

你　来　了。　あなたは来た。──いらっしゃい。（人を迎える場合）
nǐ　lái　le
ニー　ライ　ラ

我　饿　了。　わたしはおなかがすいた。
wǒ　è　le
ウォー　オー　ラ

（朱書き注記：「饿」の食偏は食偏の省略体。「オー」は口を横にひき「エ」の口で「オ」という）

§5 打ち消しの副詞

中国語には打ち消しをしめす副詞が2つあります。
"不"は否認をしめし，"没"はその事実がないことをしめします。
"她不来"と言われたら，いくら待っていても彼女は来ません。一方，"她没来"でしたら，いまは来ていませんが，いずれ来るかも知れません。

我 不 休息。 わたしは休まない。 →習慣・意志の否定
wǒ bù xiūxi
ウォー プゥ シュウシ

我 没 休息。 わたしは休まなかった。
wǒ méi xiūxi わたしは休んでいない。 →事実の否定
ウォー メイ シュウシ

前者を過去のことについて使えば，「いつも休まなかった」（習慣）とか，「休もうとしなかった」（意志）といった意味をあらわします。

§6 動詞 "来" の使い方

→ 2,3回くりかえすことも多い

「来る」という意味ばかりでなく，日常会話で次のような使い方もします。
① 人をうながしたり，飲食物をすすめたりするとき。

来， 喝 一点儿。 さあ，ちょっと飲みなさい。
lái hē yìdiǎnr
ライ ホォー イーティアル

② 人に呼ばれたとき，相手のいる方へ行くという意味で返事に使う。

你 来 吧！ こちらへいらっしゃい！
nǐ lái ba
ニー ライ バ
→軽い命令の語気

── 我 来！ はい，行きます。
ウォー ライ
→英語のcomeの用法に似ている

③ その場でそれとわかる動詞の代わりに使う。

你 来！ きみがやりなさい！
ニー ライ さあ，やってごらん！

我 来 吧！ わたしがやろう！
wǒ lái ba
ウォー ライ バ
→提案の語気

■ 練 習 問 題 １ ■

① 日本語に訳しなさい。

(1) 他来了。　　(2) 她不来。　　(3) 不来了。

② "喝"（飲む）という動詞を使って中国語に訳しなさい。

(1) わたしは飲んでいない。
(2) さあ，（きみは）飲みなさい。
(3) わたしはもう飲みません。

③ 左側と右側の単語で声調が同じものを線でむすびなさい。

(1) 我　　　　a．喝
(2) 来　　　　b．你
(3) 他　　　　c．没

④ 発音練習

各組とも発音が似ているから気をつけよう。

(1) 河马　カバ　――――　蛤蟆　カエル
　　　hémǎ　　　　　　　háma
　　　ホォーマー　　　　　ハーマ

(2) 河狸　ビーバー　――――　狐狸　キツネ　→キツネとタヌキではあ〜りません
　　　héli　　　　　　　húli
　　　ホォーリ　　　　　　フーリ

(3) 鳄鱼　ワニ　――――　俄语　ロシア語
　　　èyú　　　　　　　éyǔ
　　　オーユィ　　　　　オーユィ

解答⇨152ページ

第2課　彼らはみな元気です

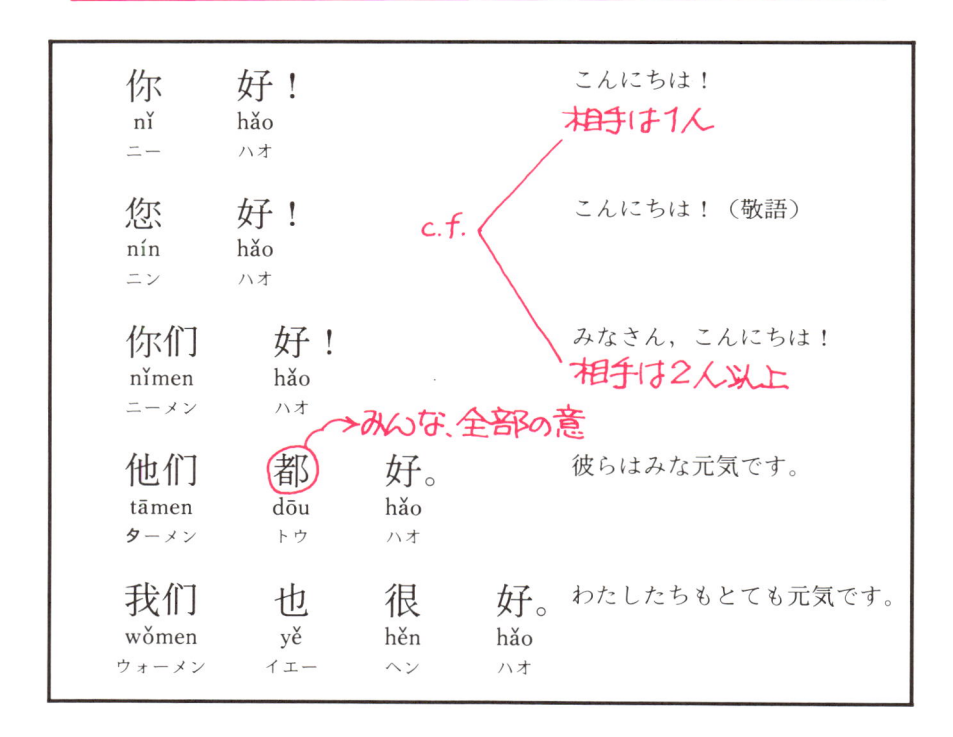

你	好！		こんにちは！
nǐ	hǎo		
ニー	ハオ		
您	好！	c.f.	こんにちは！（敬語）
nín	hǎo		相手は1人
ニン	ハオ		
你们	好！		みなさん，こんにちは！
nǐmen	hǎo		相手は2人以上
ニーメン	ハオ		
他们	都	好。	彼らはみな元気です。
tāmen	dōu	hǎo	→みんな、全部の意
ターメン	トウ	ハオ	
我们	也	很	好。 わたしたちもとても元気です。
wǒmen	yě	hěn	hǎo
ウォーメン	イエー	ヘン	ハオ

§1 文のくみたて

述語に形容詞を用いた文。英語の形容詞とことなり，動詞の助けをかりないで，そのまま述語になります。形容詞に対する修飾語（状語）はその前に置きます。

　他们　都　好。　　我们　也　很　好。
　(主)　(状)(形)　　(主)　(状)(状)(形)
　　　　(述)　　　　　　　　(述)

§2 "你"と"您"

2人称代名詞には敬語があります。中国語は日本語の「来る」と「いらっしゃる」のように，動詞で敬語を使い分けることがほとんどないため，相手が目上の人の場合に"您"を使わないと敬意があらわせません。

你 来 了。　いらっしゃい。（一般的に人を迎える場合）
nǐ　lái　le
ニー　ライ　ラ

→ 半3声で低いままの発音

您 来 了。　いらっしゃいませ。（お客さんなどを迎える場合）
nín　lái　le
ニン　ライ　ラ

§3 人称代名詞（複数）

人称代名詞の単数形にそれぞれ接尾語"们"をつけると複数形になります。
2人称の敬語は複数形がなく，敬意をしめすには別の表現を使います。
3人称は単数と同じく，男女で文字を使い分けますが，男女双方を含む場合は"他们"を使います。

1 人称	2 人称	3 人称
我 们 ウォー メン	你 们 ニー メン	他 们　／　她 们 ター メン　　ター メン

↑ 您们とはいわない

§4 形容詞述語

形容詞だけで述語となるのは，"你好！"のような固定したあいさつ語をのぞき，比較・対照の場合だけで，その他は"很"などの副詞を状語として使います。このような"很"は強く発音しないかぎり，強調の意味があらわれません。

你 高，她 不 高。　あなたは背が高いが，彼女は高くない。
nǐ gāo　tā bù gāo
ニー カオ　ター ブッ カオ

→ 形容詞述語の前に置くだけのヘンなことば

他 很 高。　彼は（とても）背が高いです。
tā hěn gāo
ター ヘン カオ

§5　副詞の使い方

中国語の副詞はごく少数の例外（たとえば"不"）をのぞき，単独に用いられず，かならず動詞や形容詞の修飾語（状語）として使われます。

我　也　来。　　わたしも来ます。（"我也"だけでは言えません）
wǒ　yě　lái
ウォー　イエー　ライ

也　好　吧。　　（それでも）まあいいでしょう。（一応の同意をしめす）
yě　hǎo　ba
イエー　ハオ　パ

"不"は相手の発言に反論する場合，単用します。

他　不　来。　　彼は来ません。
tā　bù　lái
ター　ブゥ　ライ

—— 不，他　也　来。　いや，彼も来ます。
　　bù　tā　yě　lái
　　ブゥ　ター　イエー　ライ

§6　中国語のあいさつ

"你好"は「あなたは元気である→お元気ですね」といった意味から生まれた表現で，一日じゅういつでも使える便利なあいさつです。「おはよう」「こんにちは」「こんばんは」のどれにもなります。初対面の人に「はじめまして」の意味でも使います。

"你好"の用法で注意すべきことは，目上の人に対する"您好"，二人以上の人に対する"你们好"を使い分ける点です。また意味上の制約から，相手の姿が見えないところでは使えません（ただし電話の場合をのぞく）。

你　来　了！　你　好！　　いらっしゃい！　お元気ですね！
nǐ　lái　le　　nǐ　hǎo
ニー　ライ　ラ　　ニー　ハオ

■ 練 習 問 題 2 ■

→新しい事態の確認

1 文末の助詞 "了" に注意して，日本語に訳しなさい。

(1) 病好了。　　(2) 天气好了。　　(3) 天气不好了。

> 注　病：病気；病気をする　　天气：天気
> 　　bìng　　　　　　　　　　tiānqì
> 　　ぴん　　　　　　　　　　ティエンチー

2 "**高**"（背が高い）という形容詞を使って中国語に訳しなさい。

(1) 彼は（とても）背が高い。
(2) わたしは背が高くない。
(3) 彼らも（とても）背が高い。

3 左側と右側の語句で実際に発音する場合の声調の組み合わせが同じものに○，ことなるものに×をつけなさい。

(1) 你　来　──────　他　来

(2) 你　好　──────　您　好

(3) 也　好　──────　很　好

4 発音練習

第3声の声調変化に気をつけて練習しよう。

(1) 海马　　タツノオトシゴ　　(2) 蚂蚁　　アリ
　　hǎimǎ　　　　　　　　　　　　 mǎyǐ
　　ハイマー　　　　　　　　　　　マーイー

(3) 老虎　　トラ　　　　　　　(4) 小鸟　　小鳥
　　lǎohǔ　　　　　　　　　　　　 xiǎoniǎo
　　ラオフ　　　　　　　　　　　　シィアオニィアオ

解答⇨152ページ

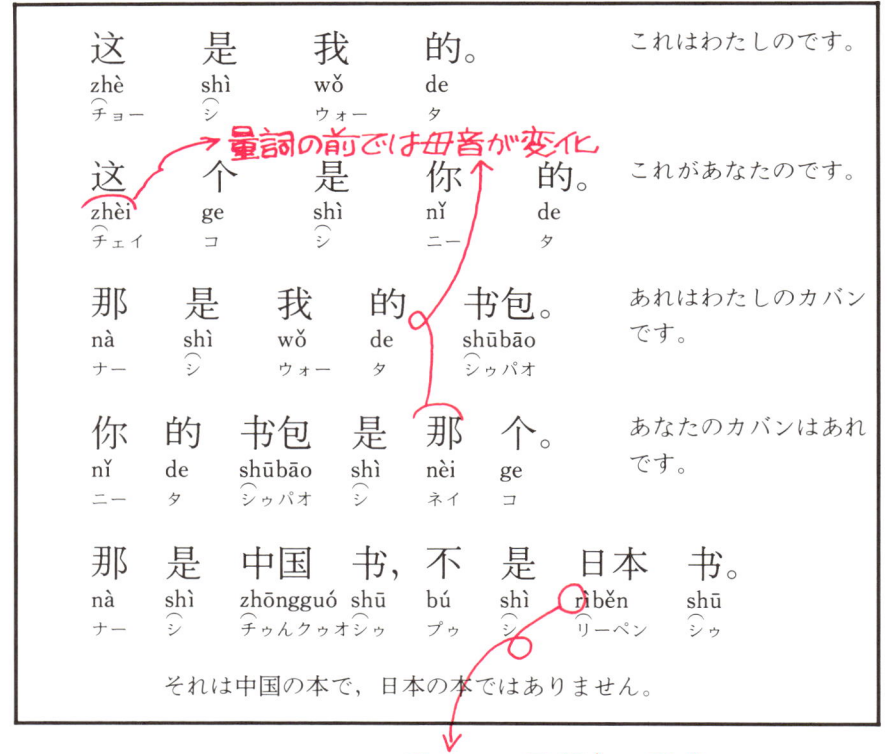

第3課 これはあなたのです

这 是 我 的。 zhè shì wǒ de チョー シ ウォー タ	これはわたしのです。
这 个 是 你 的。 zhèi ge shì nǐ de チェイ コ シ ニー タ	これがあなたのです。
那 是 我 的 书包。 nà shì wǒ de shūbāo ナー シ ウォー タ シゥパオ	あれはわたしのカバンです。
你 的 书包 是 那 个。 nǐ de shūbāo shì nèi ge ニー タ シゥパオ シ ネイ コ	あなたのカバンはあれです。
那 是 中国 书, 不 是 日本 书。 nà shì zhōngguó shū bú shì rìběn shū ナー シ チゥンクゥオシゥ プッ シ リーペン シゥ	それは中国の本で，日本の本ではありません。

※ 量詞の前では母音が変化
※ 日本人が不得意な発音

§1 文のくみたて

述語に名詞を用いた文(1)。一般的には名詞を動詞"是"の賓語とし，動賓連語（p.32）の述語とします。名詞に対する修飾語（定語）は名詞の前に置きます。

那 是 我 的 书包。　　　那 不 是 中国 书。
(主)(動)　(定)　(名)　　　(主)(状)(動)　(定)　(名)
　　　　　（述・動賓連語）　　　　　　（述・動賓連語）

§2 指示代名詞

近　　　　称	遠　　　　称
这　／　这　个 zhè　　　zhèi ge チョー　　チェイコ	那　／　那　个 nà　　　nèi ge ナー　　ネイ　コ

英語と同じように，近いものを指す語と遠いものを指す語の二分法です。
　"个"をともなう場合は，とくにあるものを他と区別して指す意味が強くなります。動詞の後に置く賓語の位置では"个"をともなわなければなりません。
　"这个"は"这一个"（このひとつのもの）の略なので zhè yí ge → zhèi ge と発音が変わります。"那个"も同じです。

§3　動詞"是"の使い方

　後に名詞などの賓語を置いて動賓連語をくみたて，「（〜は）〜である」と肯定の判断を述べます。この場合，"是"はやや軽く発音されます。
　"是"の打ち消しには否認をしめす副詞"不"を使います。この場合，後につづく"是"が第4声なので，"不"は第2声に変わります。

我　是　日本人。　　　わたしは日本人です。
wǒ　shì　rìběnrén
ウォー　シ　リーベンレン　　←軽声ではないが軽く発音する

他　不　是　中国人。　　彼は中国人ではありません。
tā　bú　shì　zhōngguórén
ター　ブゥ　シ　チュンクゥオレン

§4　助詞"的"の使い方

助詞の"的"は名詞相当の語句を作る成分です。

你　→　你　的　君のもの／君の　　他　→　他　的　彼のもの／彼の
nǐ　　　nǐ　de　　　　　　　　　tā　　　tā　de
ニー　　ニー　タ　　　　　　　　　ター　　ター　タ

来　→　来　的　来るもの／来たもの　好　→　好　的　よいもの
lái　　 lái　de　　　　　　　　　hǎo　　 hǎo　de
ライ　　ライ　タ　　　　　　　　　ハオ　　ハオ　タ

§5 名詞に対する修飾語（定語）

修飾語は修飾される語（中心語）の前に置きます。
　名詞に対する修飾語（定語）には形容詞，名詞，代（名）詞，数量詞，助詞"的"をともなう名詞相当語などがあります。　形容詞や名詞が後の名詞と直接むすぶのは，定語＋中心語（→修飾連語）でひとつの熟語を作る場合だけです。

好　人
hǎo　rén
ハオ　レン

よい人──善人（"的"を加えることもできる）

中国　历史
zhōngguó　lìshǐ
チゥンクゥオ　リーシー

中国の歴史──中国史（"的"を加えることもある）

我　的　书
wǒ　de　shū
ウォー　タ　シゥ

わたしの本（"的"を略すことはできない）

上の最後の例のような場合，前後の文脈で中心語を省略することもあります。

这　是　我　的（书）。
チョー　シ　ウォー　タ　（シゥ）

これはわたしの（本）です。

§6 指示代名詞"这"の使い方

本文にあげた用法のほか，次のような使い方もおぼえましょう。

这　是　林　先生。
zhè　shì　lín　xiānsheng
チョー　シ　リン　シィエンショん

こちらは林さんです。（人を紹介する場合）
↳ 英語のミスターに相当

上のような紹介の場面では"这个是～"ということができません。

这（个）书包　是　我　的。
zhè　(ge)　shūbāo　shì　wǒ　de
チョー　（コ）　シゥパオ　シ　ウォー　タ

このカバンはわたしのです。

この例では"这（个）"が名詞の前に置かれて定語となっています。

　対話の途中で的確な表現を探したり，いいよどんだりしたときに日本語では「あのー」とか「えー」などと言って間をもたすことがあります。中国語ではこのような場合，"这个，这个，这个……"と"这个"を数回くりかえします。

会話でとても便利

■ 練 習 問 題 3 ■

1 日本語に訳しなさい。

(1) 这是你们的。　(2) 他的书包是这个。　(3) 他不是林先生。

2 中国語に訳しなさい。

(1) これがわたしの荷物です。
(2) こちらは林夫人です。
(3) これはみんなあなたのです。

注　（旅行用の）荷物：行李　　夫人：夫人
　　　　　　　　　　xíngli　　　　fūrén
　　　　　　　　　　シンリ　　　　フゥレン

3 左側と右側の漢字で母音が同じものを線でむすびなさい。

(1) 包　　　a. 我

(2) 国　　　b. 不

(3) 书　　　c. 好

4 発音練習

各組とも発音が似ているから気をつけよう。

(1) 机票　　航空券　――　支票　　小切手
　　 jīpiào　　　　　　　　zhīpiào
　　 チーピァウ　　　　　 チーピァウ

(2) 希望　　希望　――　失望　　失望
　　 xīwàng　　　　　　　shīwàng
　　 シーワん　　　　　　シーワん

(3) 接力　　リレー　――　节日　　祭日
　　 jiēlì　　　　　　　　　jiérì
　　 チィエリー　　　　　　チィエリー

解答⇨152ページ

第4課 あしたは水曜です

今天 jīntiān チン**ティ**エン	八月 bāyuè パーユエ	一号。 yīhào イーハオ		きょうは8月1日です。
明天 míngtiān ミん**ティ**エン	星期三。 xīngqīsān シん**チ**ーサン			あしたは水曜です。

→ 日本語のサンとはちがう
最後に舌の先を歯につける

现在 xiànzài シィエンツァイ	两 liǎng リゃん	点 diǎn **ティ**エン	一 yí イー	刻。 kè **コ**ォ	いま2時15分です。
她 tā ター	二十 èrshí アルシー	岁。 suì ソエ			彼女は20歳です。
昨天 zuótiān ツゥオ**ティ**エン	阴天， yīntiān イン**ティ**エン	今天 jīntiān チン**ティ**エン	晴天。 qíngtiān **チ**ん**ティ**エン		きのうは曇りだったが，きょうは晴れだ。

§1 文のくみたて

述語に名詞を用いた文(2)。日づけ・曜日・年齢・天候・出身地などを述べるとき，名詞や数量詞を動詞のたすけをかりずに，そのまま述語にできます。

今天 八月 一号。　　她 二十岁。
(主)　(述)　　　　　(主)　(述)

§2　名詞述語文の打ち消し

　動詞"是"のたすけをかりずに述語となる成分も，打ち消しの場合には"不是"を使わないと文が成立しません。

他　北京人。　　　　　　　　彼は北京の人です。(出身地を述べる)
tā　běijīngrén
ター　ペイチんレン

他　不　是　上海人。　　　　彼は上海の人ではありません。
tā　bú　shì　shànghǎirén
ター　ブッ　シ　シャンハイレン

§3　数詞(I)

　1〜99の数え方は基本的に日本語と同じです。

一　二　三　四　五　六　七　八　九　十
yī　èr　sān　sì　wǔ　liù　qī　bā　jiǔ　shí
イー　アル　サン　スー　ウー　リィウ　チー　パー　チィウ　シー

よく見ると日本の漢字と微妙にちがう（四）

十一　十二　………　二十　二十一　二十二　………
shíyī　shí'èr　　　　èrshí　èrshíyī　èrshi'èr
シーイー　シーアル　　アルシー　アルシーイー　アルシアル

以下99まではもう大丈夫

　"二十一、二十二"など，中間に位置する"十"は軽く発音します（軽声）。

§4　日づけの表現

　月日の表現は日本語と同じですが，話しことばでは"日"が"号"になります。

一月　三号　　1月3日（書きことばでは"一月三日"）
yīyuè　sānhào
イーユエ　サンハオ

§5　曜日の表現

　月曜から土曜までは数詞の"一"から"六"までを順に使ってあらわします。

星期一　月曜　　星期二　火曜　………　星期日　日曜
xīngqīyī　　　　xīngqī'èr　　　　　　　xīngqīrì
シんチーイー　　シんチーアル　　　　　シんチーリー

「週」という意味

§6 数量詞

月日や曜日は序数の表現ですが，時刻や年齢は数量の表現として単位をしめす助数詞（量詞）が必要となります。数詞＋量詞の句を数量詞と呼びます。

数量表現では数詞の用法について，序数とことなる点があります。

(1) "二"の代わりに"两" liǎng を使う（"十二"や"二十二"は不変）。
(2) "一"が第1・2・3声の前で第4声に，第4声の前で第2声に変わる。
　　ただし，"十一"や"二十一"など変わらないものもある。
(3) "七"と"八"が第4声の前では第2声に変わる。

§7 時刻の表現

量詞として"点"と"分"を使い，15分と45分には"刻"も使います。

两　点　十五　分　　　2時15分（"两点一刻"ともいう）
liǎng diǎn shíwǔ fēn
リャん　ティエン　シーウー　フェン

两　点　半　　　2時半
liǎng diǎn bàn
リャん　ティエンパン

两　点　三　刻　　　2時45分
liǎng diǎn sān kè
リャんティエン　サン　コォ

差　一　刻　三　点　　　3時15分前
chà yí kè sān diǎn
チャー　イー　コォ　サン　ティエン

§8 年齢の表現

量詞として"岁"を使います。ただし11歳以上では省略することもあります。

今年　二十一　（岁）了。　　　ことし21歳になった。
jīnnián èrshiyī （suì）le
チンニィエン　アルシイー　（ソエ）ラ

■ 練 習 問 題 4 ■

1 日本語に訳しなさい。

(1) 明天星期五。　(2) 昨天晴天。　(3) 他们都是北京人。

2 数詞に気をつけて中国語に訳しなさい。

(1) きょうは2日です。
(2) いま2時22分です。
(3) ことし2歳になりました。

3 左側と右側の語句で"一"の声調が同じものを線でむすびなさい。

(1) 一月　　　　a． 一分

(2) 一点　　　　b． 一刻

(3) 一岁　　　　c． 一号

4 発音練習

各組とも発音が似ているから気をつけよう。

(1) 金鱼　　金魚 ―― 鲸鱼　　クジラ
　　jīnyú　　　　　　jīngyú
　　チンユィ　　　　　チンユィ

(2) 登记　　登録 ―― 冬季　　冬季
　　dēngjì　　　　　　dōngjì
　　トンチー　　　　　トゥンチー

(3) 新年　　新年 ―― 新娘　　花嫁
　　xīnnián　　　　　xīnniáng
　　シンニィエン　　　シンニィアん

解答⇨152ページ

言偏の省略体

第5課 ごはんを食べたら，すぐ出かけます

我 wǒ ウォー	吃 chī チー	饭。 fàn ファン			わたしはごはんを食べる。
我 wǒ ウォー	吃了 chīle チーラ	饭 fàn ファン	了。 le ラ		わたしはごはんを食べました。
我 wǒ ウォー	吃了 chīle チーラ	饭, fàn ファン	就 jiù チィウ	走。 zǒu ツォウ	わたしはごはんを食べたら，すぐ出かけます。
我 wǒ ウォー	还 hái ハイ	没有 méiyou メイヨウ	吃 chī チー	饭。 fàn ファン	わたしはまだごはんを食べていません。
他 tā ター	教 jiāo チィヤオ	我 wǒ ウォー	中文。 zhōngwén チゥンウェン		彼はわたしに中国語を教える。

(朱書き：舌先だけのチーとならないように／その場を離れ移動すること／"没"だけでもよい)

§1 文のくみたて

　動詞＋賓語の句を動賓連語といいます。動詞と賓語の意味関係はさまざまです。
　動詞に賓語を二つ置く場合は二重賓語文になります。二つの賓語の語順は英語の二重目的語と同じく，間接賓語が前，直接賓語が後になります。

　　我 吃 饭。　　　　他 教 我 中文。
　（主）（動）（賓）　（主）（動）（間賓）（直賓）
　　　　（述）　　　　　　　（述）

§2　動詞と賓語の意味関係

　動詞の後に置かれる賓語は動作・行為の対象ばかりでなく，広く動詞に関連する事物といえるほど多様です。しかも英語のような格の変化や，日本語のテニヲハのような助詞もないので，動詞と賓語の意味関係を外形から知ることはできません。

我　　吃　　面包。　　わたしはパンを食べる。〔対象〕
wǒ　　chī　　miànbāo
ウォー　チー　ミィエンパオ

→意味をとって訳した外来語

我　　吃　　大碗。　　わたしはどんぶりで食べる。〔道具〕
wǒ　　chī　　dàwǎn
ウォー　チー　ターワン

我　　吃　　食堂。　　わたしは食堂で食べる。〔場所〕
wǒ　　chī　　shítáng
ウォー　チー　シータん

§3　動詞の完成態 "了"

　動詞の後に "了" をむすび，動作の完成や実現をしめします。動作の行われる時間とは関係がないので，過去のことばかりでなく，「～してから；～したら」など未来のことにも使えます。
　完成態の "了" は第1課で学んだ文末の助詞 "了" と同形ですが，前者（了₁）は動作の完成を，後者（了₂）は新しい事態の確認をしめします。

吃了₁ 饭　　ごはんを食べた（ので）……　｝文が完結しない
チーラ　ファン　　ごはんを食べて（から）……

吃了₁ 一 碗 饭。　　ごはんを1ぜん食べた。
chīle　yì　wǎn　fàn
チーラ　イー　ワン　ファン

吃了₁ 饭 了₂。　　ごはんを食べた。
チーラ　ファン　ラ

→"了"が2つ使われている理由をよく考えよう

吃 饭 了₂。　　ごはんを食べた。　｝文脈によって区別される
チー　ファン　ラ　　さあ，ごはんですよ。

　"了₂" はいわば確認の認印にあたるもので，賓語に数量がつくなど，文中で他に確認をしめす語句がある場合は "了₂" が消えることになります。

§4 完成態の打ち消し

動作の完成を打ち消すには，完成態の動詞から"了"を取り去り，打ち消しの副詞"没"または"没有"を前に置きます。

他　没　吃　饭，　就　走　了。　　彼はごはんを食べないで出かけた。
tā　méi　chī　fàn　　jiù　zǒu　le
ター　メイ　チー　ファン　チィウ　ツォウ　ラ

→「それですぐに」の意

§5 二重賓語

二つの賓語が英語と同じように「～に」+「～を」の順にならびます。

我　教　他　英文。　　わたしは彼に英語を教える。
wǒ　jiāo　tā　yīngwén
ウォー　チィヤオ　ター　インウェン

→金偏の省略体

我　给　他　钱。　　わたしは彼にお金をあげる。
wǒ　gěi　tā　qián
ウォー　ケイ　ター　チィエン

→チェンといわないように

§6 動詞 "吃" と "喝"

"吃"は「食べる」という動詞ですが，「飲む」と訳す例外もあります。

吃　早饭　　朝食を食べる　　　吃　晚饭　　夕食を食べる
chī　zǎofàn　　　　　　　　　　chī　wǎnfàn
チー　ツァオファン　　　　　　　チー　ワンファン

吃　药　　くすりを飲む　　　　吃　奶　　乳を飲む
chī　yào　　　　　　　　　　　　chī　nǎi
チー　ヤオ　　　　　　　　　　　チー　ナーイ

→そり舌の子音に注意！

"喝"は「飲む」という動詞ですが，「食べる」と訳す例外もあります。

喝　茶　　お茶を飲む　　　　　喝　牛奶　　牛乳を飲む
hē　chá　　　　　　　　　　　　hē　niúnǎi
ホォー　チャー　　　　　　　　　ホォー　ニィウナーイ

→母音に注意！ヘーではない

喝　粥　　おかゆを食べる（→すする）
hē　zhōu
ホォー　チョウ

■練習問題 5■

① 日本語に訳しなさい。

(1) 我喝大碗。　(2) 我不给你钱。　(3) 他还没有走。

② 中国語に訳しなさい。

(1) くすりを飲んだらすぐ来ます。
(2) 彼はまだ昼食を食べていない。
(3) わたしはごはんを2ぜん食べた。

> 注　昼食：午饭
> 　　　　wǔfàn
> 　　　　ウーファン

③ 左側と右側の単語で子音の同じものを線でむすびなさい。

(1) 吃　　　a. 茶

(2) 喝　　　b. 早

(3) 走　　　c. 还

④ 発音練習

各組とも発音が似ているから気をつけよう。

(1) 机器　機械　――――　支持　支持する
　　 jīqì　　　　　　　　　zhīchí
　　 チーチー　　　　　　　チーチー

(2) 记者　記者　――――　汽车　自動車　→汽車ではありません
　　 jìzhě　　　　　　　　qìchē
　　 チーチョー　　　　　　チーチョー

(3) 历史　歴史　――――　日食　日食
　　 lìshǐ　　　　　　　　rìshí
　　 リーシー　　　　　　　リーシー

解答⇒152ページ

第6課 中国語を1年学んだ

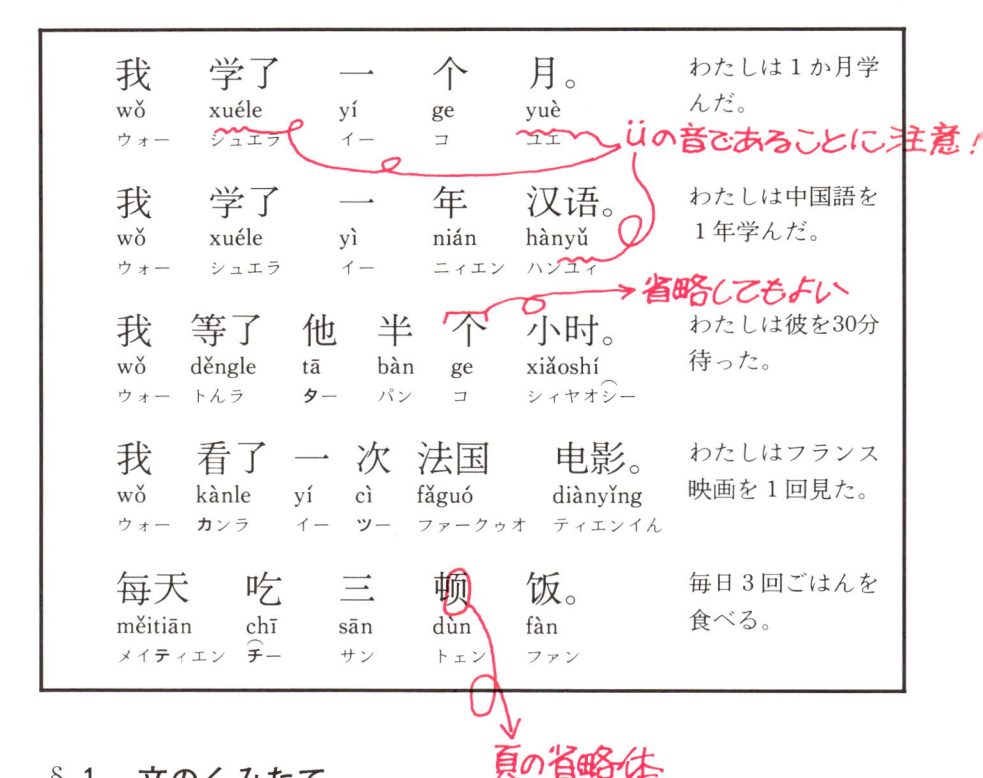

我	学了	一	个	月。		わたしは1か月学んだ。
wǒ	xuéle	yí	ge	yuè		
ウォー	シュエラ	イー	コ	ユエ		
我	学了	一	年	汉语。		わたしは中国語を1年学んだ。
wǒ	xuéle	yì	nián	hànyǔ		
ウォー	シュエラ	イー	ニィエン	ハンユィ		
我	等了	他	半	个	小时。	わたしは彼を30分待った。
wǒ	děngle	tā	bàn	ge	xiǎoshí	
ウォー	トンラ	ター	パン	コ	シィヤオシー	
我	看了	一	次	法国	电影。	わたしはフランス映画を1回見た。
wǒ	kànle	yí	cì	fǎguó	diànyǐng	
ウォー	カンラ	イー	ツー	ファークゥオ	ティエンイん	
每天	吃	三	顿	饭。		毎日3回ごはんを食べる。
měitiān	chī	sān	dùn	fàn		
メイティエン	チー	サン	トゥン	ファン		

※注記:
- 「月 yuè」— üの音であることに注意!
- 「汉语」— 省略してもよい
- 「顿」— 頁の省略体

§1 文のくみたて

　動作・行為の時間量や回数をしめす数量詞は賓語として動詞の後に置きます。動詞に一般の賓語がある場合，数量詞はその前に位置しますが，賓語が人称代名詞のときは，その後に位置します。

　我　学了　一年　汉语。　我　等了　他　半　个　小时。
　(主)　(動)　(数賓)　(賓)　　(主)　(動)　(賓)　(数賓)
　　　　　(述)　　　　　　　　　　　(述)

§2　数量賓語

動作・行為の時間量や回数をしめす数量詞は，一般の賓語とことなり，他動詞だけでなく自動詞に対する賓語としても使われます。

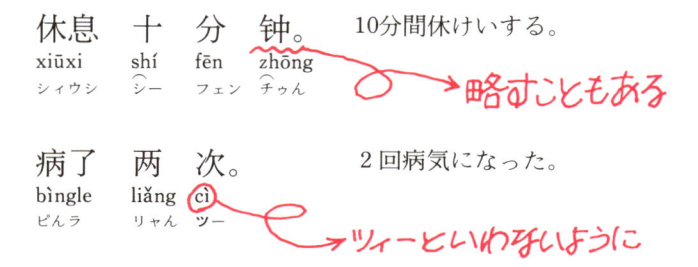

休息　十　分　钟。　　10分間休けいする。
xiūxi　shí　fēn　zhōng
シィウシ　シー　フェン　チゅン

→略すこともある

病了　两　次。　　2回病気になった。
bìngle　liǎng　cì
ピンラ　リャン　ツー

→ツィーといわないように

§3　時間量の単位

時間量の表現には量詞"个"を使うものと，"个"を使わずに名詞をそのまま量詞にあてるものがあります。

→これは省略可能

一　分　（钟）　1分間　　　一　个　小时　　1時間
yì　fēn　(zhōng)　　　　　　yí　ge　xiǎoshí
イー　フェン　（チゅン）　　　イー　コ　シィヤオシー

一　天　　　　　1日間　　　一　个　星期　　1週間
yì　tiān　　　　　　　　　　　yí　ge　xīngqī
イー　ティエン　　　　　　　　イー　コ　シンチー

一　个　月　　　1か月間　　一　年　　　　　1年間
yí　ge　yuè　　　　　　　　　yì　nián
イー　コ　ユエ　　　　　　　　イー　ニィエン

"一"の声調変化にも気をつけよう

§4　回数の単位

回数の表現には動作量の単位となる動量詞を使います。名詞に対する量詞（名量詞）における"个"のように，幅広く用いられる"次"や"回"のほか，特定の動詞にしか使えない"顿"（「食べる」「ののしる」「しかる」などのみ）のような例もあります。

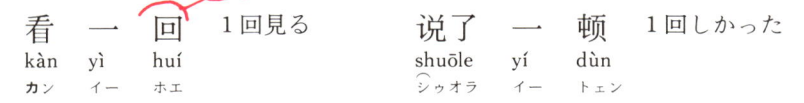

→"次"と同じ

看　一　回　　1回見る　　　说了　一　顿　　1回しかった
kàn　yì　huí　　　　　　　　shuōle　yí　dùn
カン　イー　ホエ　　　　　　シィオラ　イー　トェン

動量詞の一部は，名詞に対する数量修飾語のなかでも使われます（"三顿饭"）。

§5 数量詞と文末の助詞 "了"

動詞の賓語として数量詞を用いたり，数量詞に修飾される名詞などを用いた場合，文末に "了" を加えずに文は成立します。もし，このような文でさらに文末に "了" を置けば，それまでに達成した数量や動作の持続時間をしめします。

我 等了 两 个 小时。　　　　わたしは2時間待った。
wǒ děngle liǎng ge xiǎoshí
ウォー トンラ りゃん コ シィアオシー

（省略可能。その場合、前の"两"が2声になる）

我 等了 两 个 小时 了。　　わたしはもうこれで2時間待っている。
wǒ děngle liǎng ge xiǎoshí le
ウォー トンラ りゃん コ シィアオシー ラ

§6 いろいろな外国語の呼び名

汉语 hànyǔ ハンユィ	中文 zhōngwén チゅンウェン	中国话 zhōngguóhuà チゅンクゥオホワ	中国語
英语 yīngyǔ インユィ	英文 yīngwén インウェン	英国话 yīngguóhuà インクゥオホワ	英語
法语 fǎyǔ ファユィ	法文 fǎwén ファウェン	法国话 fǎguóhuà ファクゥオホワ	フランス語
德语 déyǔ トォーユィ	德文 déwén トォーウェン	德国话 déguóhuà トォークゥオホワ	ドイツ語
俄语 éyǔ オーユィ	俄文 éwén オーウェン	俄国话 éguóhuà オークゥオホワ	ロシア語

（日本で使う「仏、独、露」とはちがうので注意を使用）

"〜语" という呼び方はやや固い表現です。
"汉语" とは「漢民族のことば」の意味です。

■練 習 問 題 6■

1 **日本語に訳しなさい。**

(1) 我学了一年日语。　　(2) 每天看一个小时报。

(3) 他来了两年了。

> 注　日语　：日本語　"日文、日本话"ともいう。
> 　　rìyǔ　　　　　　　rìwén　rìběnhuà
> 　　リーユィ　　　　　リーウェン　リーベンホワ

2 **中国語に訳しなさい。**

(1) 1週間病気をした。
(2) もうこれで半月待った。
(3) 彼はわたしを1度しかった。

3 **次の漢字を，発音が n で終わるものと ng で終わるものに分けなさい。**

　a．电　　b．等　　c．饭　　d．看　　e．影　　f．中

4 **発音練習**

ローマ字の i の発音に気をつけよう。（p.12参照）

(1) 地理　地理　──── 体力　体力
　　 dìlǐ　　　　　　　　tǐlì
　　 ティーリー　　　　　ティーリー

(2) 自己　自分　──── 瓷器　磁器
　　 zìjǐ　　　　　　　　cíqì
　　 ツーチー　　　　　　ツーチー

(3) 司机　運転手 ──── 四季　四季
　　 sījī　　　　　　　　sìjì
　　 スーチー　　　　　　スーチー

解答⇨152ページ

第7課 ちょっと見てみたい

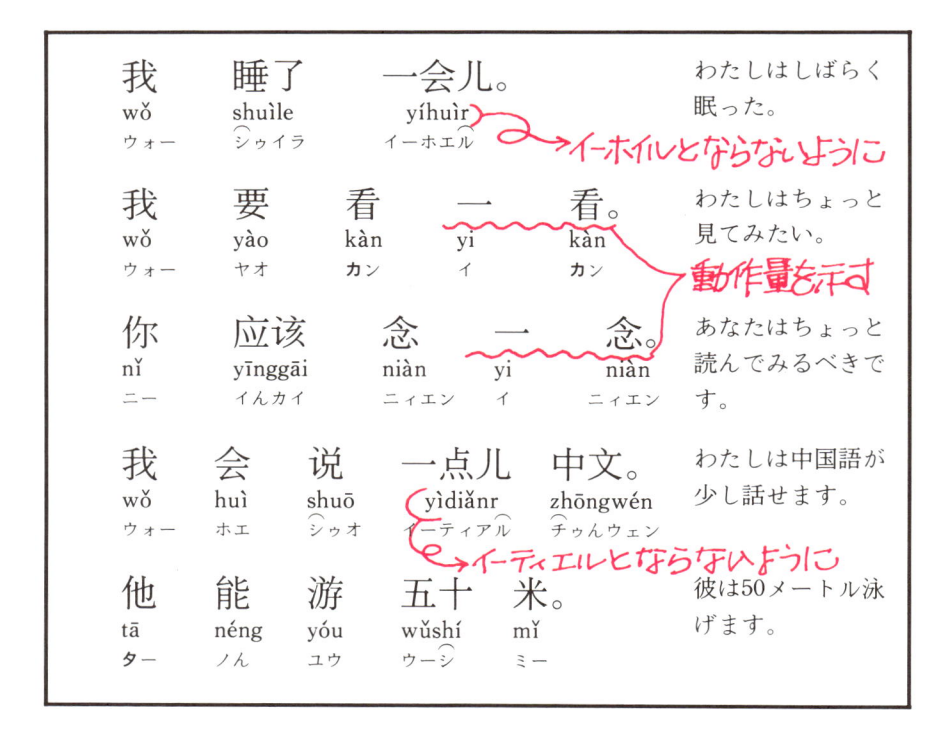

我 wǒ ウォー	睡了 shuìle シゥイラ	一会儿。 yíhuìr イーホエル			わたしはしばらく眠った。
我 wǒ ウォー	要 yào ヤオ	看 kàn カン	一 yi イ	看。 kàn カン	わたしはちょっと見てみたい。
你 nǐ ニー	应该 yīnggāi インカイ	念 niàn ニィエン	一 yi イ	念。 niàn ニィエン	あなたはちょっと読んでみるべきです。
我 wǒ ウォー	会 huì ホエ	说 shuō シゥオ	一点儿 yìdiǎnr イーティアル	中文。 zhōngwén チゥンウェン	わたしは中国語が少し話せます。
他 tā ター	能 néng ノん	游 yóu ユウ	五十 wǔshí ウーシ	米。 mǐ ミー	彼は50メートル泳げます。

赤字注釈:
- 一会儿 → イーホイルとならないように
- 看一看 → 動作量を示す
- 一点儿 → イーティエルとならないように

§1 文のくみたて

助動詞は動詞の一種ですが，その賓語はかならず動詞あるいは動賓連語です。

```
我   会    说    一点儿   中文。        我   要    看    一    看。
(主)(助動)(動)  (数賓)  (賓)          (主)(助動) (動)        (数賓)
         (動)          (賓)                    (動)
              (述)                                 (述)
```

"看一看"は動詞＋数量詞の構成で，同じ動詞を量詞に借用したものです。

§2　不定数量詞

　数詞＋量詞の連語を数量詞といいますが，そのなかに不定の数量をあらわすものがあります。数詞はふつう"一"にかぎられます。

请　等　一会儿。　　　しばらくお待ちください。〔短い時間〕
qǐng děng yíhuìr
チん　トン　イーホエル

→ "请"＋動詞(句)で「どうぞ〜してください」

请　等　一下。　　　　ちょっとお待ちください。〔短い動作〕
qǐng děng yíxià
チん　トン　イーシァ

→ チントンシャンと聞こえるんもいる

请　吃　一点儿。　　　少しめしあがってください。〔少量〕
qǐng chī yìdiǎnr
チん　チー　イーティアル

§3　"一会儿"と"一点儿"

　日本語では双方とも「少し」と訳せる例が少なくありません。しかし"一会儿"は時間量，"一点儿"は数量をしめすところがちがいます。

多　看　一会儿。　　　ゆっくり見る。〔時間を長めに〕
duō kàn yíhuìr
トゥオ　カン　イーホエル

数量賓語は後に！
r化音に気をつけよう

多　看　一点儿。　　　多めに見る。〔分量を多めに〕
duō kàn yìdiǎnr
トゥオ　カン　イーティアル

状語は前に

§4　動詞から借用された動量詞

　動作・行為をしめす1音節動詞（2音節動詞は不可）をそのまま動量詞として用いることがあります。数詞はほとんど"一"にかぎられ，「ちょっと〜する」と不定量をあらわす例が少なくありません。

请　笑　一　笑。　　　ちょっとほほえんでください。
qǐng xiào yi xiào
チん　シァオ　イ　シァオ

§5 願望をあらわす助動詞

我 愿意 上 大学。　　　　わたしは大学に入りたい。
wǒ yuànyi shàng dàxué
ウォー ユアンイー シァン ターシュエ

我 想 去 北京。　　　　わたしは北京に行きたい。
wǒ xiǎng qù běijīng
ウォー シイアン チュイ ペイチん

＊"去"＋目的地で「～に行く」となる

我 要 学 汉语。　　　　わたしは中国語を学びたい。
wǒ yào xué hànyǔ
ウォー ヤオ シュエ ハンユィ

＊助動詞"要"にはいくつかの用法がある

"想"と"要"は「思う」「ほしい」の意でそれぞれ動詞としても使います。打ち消しには"不"を用いますが、"不要"は成立しません。

§6 必要・当然をあらわす助動詞

你 要 休息 一会儿。　　　きみは少し休む必要がある。
nǐ yào xiūxi yíhuìr
ニー ヤオ シィウシ イーホエル

你 该 洗 头发。　　　　きみは髪を洗うべきだ。
nǐ gāi xǐ tóufa
ニー カイ シー トウファ

"要"は願望にも必要にも用いられ、その区別は主として文脈によります。
"该"は"应该"と同じですが、話しことばで多く用いられます。

§7 可能をあらわす助動詞

他 会 开 汽车。　　　　彼は自動車を運転できる。
tā huì kāi qìchē 〔習得した結果できる場合〕
ター ホエ カイ チーチョー

＊"会"と"能"の使い分けを覚えよう

能 吃 十 个。　　　　　10個食べられる。
néng chī shí ge 〔能力・条件が具わってできる〕
ノん チー シー コ

"能"をべつの助動詞"可以"に変えると「食べてさしつかえない」となります。
　　　　　　　　kěyǐ
　　　　　　　　コィイー

■練習問題 7■

① 日本語に訳しなさい。

(1) 请等一等。　　(2) 我等了一会儿。

(3) 我等了一会儿了。

② それぞれしめされた助動詞を使って中国語に訳しなさい。

(1) わたしはちょっと話したい。〔愿意〕
(2) きみはちょっと話すべきです。〔应该〕
(3) きみはちょっと話す必要がある。〔要〕

③ それぞれの文で a・b のいずれの語を使うべきか選択しなさい。

(1) 多坐　a．一会儿　b．一点儿。

(2) 我不　a．要　b．想　吃饭。

(3) 他　a．会　b．能　游泳。

> 注　游泳　：泳ぐ。動詞"游"に対し賓語"泳"がむすんだ複合動詞。
> yóuyǒng
> ユウヨん

④ つぎにかかげる単語をローマ字つづりの ABC 順にならべなおしなさい。

(1) 中文　(2) 中国　(3) 大学　(4) 北京　(5) 汉语　(6) 汽车

解答⇨152ページ

第8課 きょうはひまがない

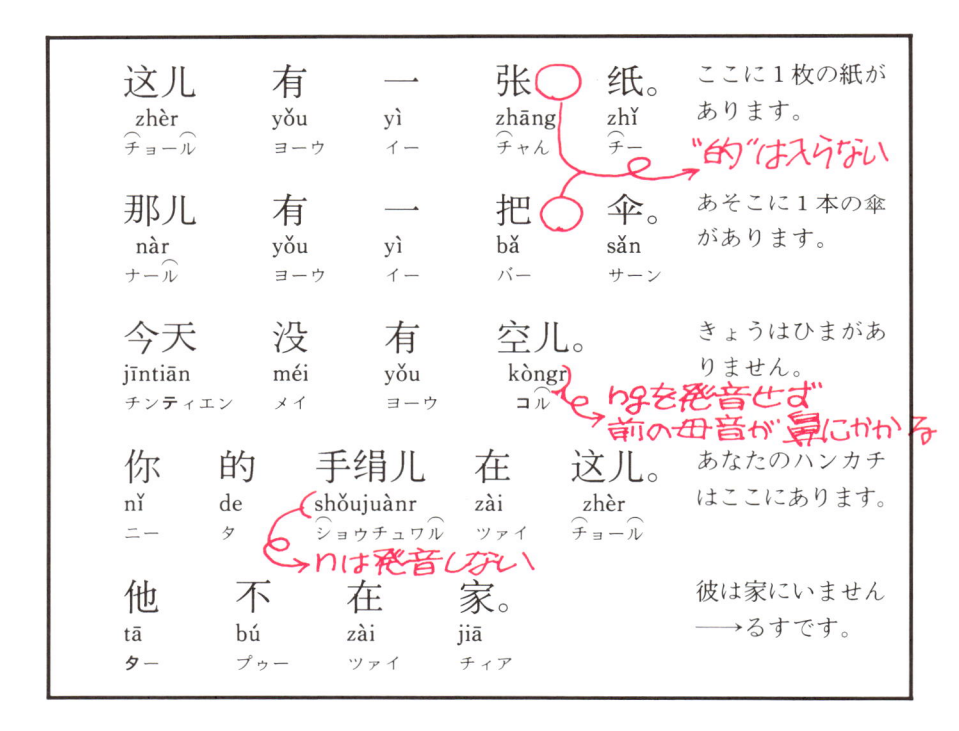

中文	ピンイン	カナ	日本語訳
这儿 有 一 张 纸。	zhèr yǒu yì zhāng zhǐ	チョール ヨーウ イー チャン チー	ここに1枚の紙があります。
那儿 有 一 把 伞。	nàr yǒu yì bǎ sǎn	ナール ヨーウ イー バー サーン	あそこに1本の傘があります。
今天 没 有 空儿。	jīntiān méi yǒu kòngr	チンティエン メイ ヨーウ コル	きょうはひまがありません。
你 的 手绢儿 在 这儿。	nǐ de shǒujuànr zài zhèr	ニー タ ショウチュワル ツァイ チョール	あなたのハンカチはここにあります。
他 不 在 家。	tā bú zài jiā	ター プー ツァイ チア	彼は家にいません →るすです。

手書き注記：
- 张〜纸："的"はいらない
- 空儿：ngを発音せず、前の母音が鼻にかかる
- 手绢儿：nは発音しない

§1 文のくみたて

動詞"有"を用いた文：場所（または時）+"有"+不特定の人あるいは物
動詞"在"を用いた文：特定の人あるいは物+"在"+場所

这儿 有 一张 纸。
（主）（動）（定）（中）
　　　（動）　（賓）
　　　　　（述）

你的 手绢儿 在 这儿。
（定）（中）（動）（賓）
　　（主）　　（述）

§2　場所代名詞

近　　称		遠　　称	
这儿 zhèr チョール	这里 zhèli チョーリ	那儿 nàr ナール	那里 nàli ナーリ

近くを指すことばと遠くを指すことばはそれぞれ2つあります。
"〜儿"のタイプは話しことばで多く使われます。

§3　量詞（助数詞）

人や物の数量をはかるとき，すでに学んだ"个"や"碗"のように，単位となる量詞を使います。日本語で1枚とか1本と助数詞を用いるのと同じで，中国語にもたくさんの量詞があります。しかし，日本語とはかならずしも一致しません。"个"はもっとも広く使われますが，他の量詞もいくつかあげてみましょう。

張 zhāng チャン	平らなもの	一 yì イー	張 zhāng チャン	桌子 zhuōzi チゥオツ	机	床 chuáng チゥワン	ベッド	脸 liǎn リィエン	顔
把 bǎ パー	柄や取っ手の あるもの	一 yì イー	把 bǎ パー	椅子 yǐzi イーツ	いす	扇子 shànzi シャンツ	扇子	刀 dāo タオ	刃物
条 tiáo ティヤオ	細長いもの	一 yì イー	条 tiáo ティヤオ	鱼 yú ユィ	魚	河 hé ホォ	川	蛇 shé ショー	ヘビ
座 zuò ツゥオ	どっしりと動 きにくいもの	一 yí イー	座 zuò ツゥオ	大楼 dàlóu ターロウ	ビル	桥 qiáo チヤオ	橋	庙 miào ミィヤオ	寺院
本 běn ペン	本のように綴 じてあるもの	一 yì イー	本 běn ペン	书 shū シゥー	本	杂志 zázhì ツァーチー	雑誌	日记 rìjì リーチー	日記

それぞれ数例をあげたのみですが，なかにはイヌが"条"に入るなど，理くつに合わないものも数多くあります。

§4 動詞"有"の使い方

"有"は場所や時が主語となって人や物の存在をしめすときに使われますが、賓語である名詞に数量詞などの定語が加わることが少なくありません。ただし賓語が"人"の場合や熟語になっている場合は例外です。

这里 有 一 辆 卡车。　　ここにトラックが1台ある。
zhèli yǒu yí liàng kǎchē
チョーリ ヨーウ イー リィアン カーチョー

那里 有 人。　　あそこに人がいる。
nàli yǒu rén
ナーリ ヨーウ レン

今天 没 有 时间。　　きょうは時間がありません。
jīntiān méi yǒu shíjiān
チンティエン メイ ヨーウ シーチィエン

人称代名詞や人名が主語になると、所有をしめす文になります。

他 有 两 枝 铅笔。　　彼は鉛筆を2本持っている。
tā yǒu liǎng zhī qiānbǐ
ター ヨーウ リィヤンチー チィエンピー

我 没 有 钱。　　わたしはお金を持っていない。
wǒ méi yǒu qián
ウォー メイ ヨーウ チィエン

§5 "有"と"在"の比較

場所が主題

这儿 有 一 本 书。　　ここに本が1冊ある。〔どんな本でもよい〕
zhèr yǒu yì běn shū
チョール ヨーウ イー ペン シゥ

书 在 这儿。　　（その；例の）本はここにある。
shū zài zhèr 〔特定の本に限る〕
シゥ ツァイ チョール

物や人が主題

※この区別はとても重要

■ 練 習 問 題 8 ■

1. 日本語に訳しなさい。

    (1) 明天有空儿。　　(2) 我有两本中国书。

    (3) 你的行李在这儿。

2. 中国語に訳しなさい。
    (1) ここにベッドが1つある。
    (2) わたしのカバンはあそこにある。
    (3) 彼らはみなるすです。

3. 空欄に適当な量詞をおぎないなさい。

    (1) 一〔　　〕人。　　(2) 一〔　　〕饭。

    (3) 一〔　　〕笔。　　(4) 一〔　　〕小河。

    (5) 一〔　　〕椅子。　(6) 一〔　　〕汽车。

4. 次にかかげる語から発音がそり舌音であるものをえらびなさい。

    (1) 车　　(2) 伞　　(3) 书　　(4) 纸　　(5) 钱

    (6) 家

解答⇨152ページ

第9課 壁に1枚の絵がかかっている

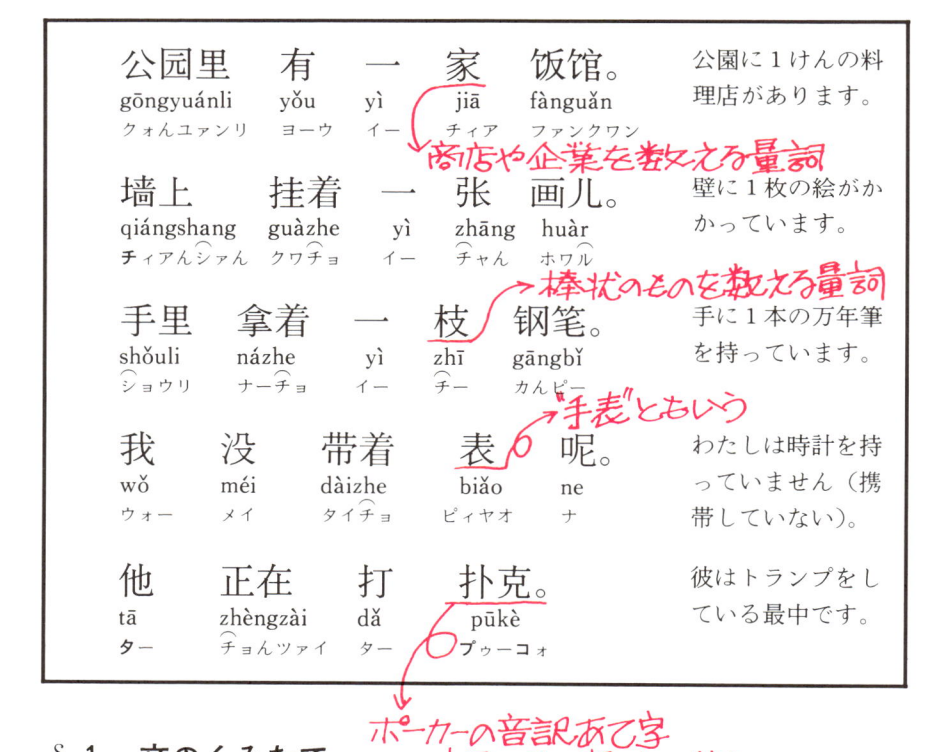

中文	ピンイン	カナ	日本語訳
公园里 有 一 家 饭馆。	gōngyuánli yǒu yì jiā fànguǎn	クォンユァンリ ヨーウ イー チィア ファンクワン	公園に1けんの料理店があります。
墙上 挂着 一 张 画儿。	qiángshang guàzhe yì zhāng huàr	チィアンシャん クワチョ イー チャン ホワル	壁に1枚の絵がかかっています。
手里 拿着 一 枝 钢笔。	shǒuli názhe yì zhī gāngbǐ	ショウリ ナーチョ イー チー カンピー	手に1本の万年筆を持っています。
我 没 带着 表 呢。	wǒ méi dàizhe biǎo ne	ウォー メイ タイチョ ピィヤオ ナ	わたしは時計を持っていません(携帯していない)。
他 正在 打 扑克。	tā zhèngzài dǎ pūkè	ター チョンツァイ ター プゥーコォ	彼はトランプをしている最中です。

※手書きメモ：
- "家" → 商店や企業を数える量詞
- "枝" → 棒状のものを数える量詞
- "表" → "手表"ともいう
- "扑克" → ポーカーの音訳あて字　トランプの意味で使う

§1 文のくみたて

存在文：場所代名詞だけでなく，場所化された名詞を主語とする文は，動詞に"有"をはじめ持続態"着"をともなった動詞を用い，意味上の主体(不特定)は賓語としてその後に置かれます(「～に～がある；～に～がいる」)。

墙上　挂着　一　张　画儿。 ⟶ 一　张　画儿
(主)　(動)　　(賓)　　　　(定)　　(中)
　　　　(述)　　　　　　　(修飾連語)　(p.45参照)

動作・行為が進行中であることをしめすには副詞"正在"を使います(§6)。

§2　場所詞

　場所詞とは名詞から分化した品詞の一つで，場所代名詞に置き換えられるものです。ふつうの名詞とことなり，動詞の前に置かれ状語となる例もあります。

北京　有　一　个　动物园。　　北京には動物園が1つあります。
běijīng　yǒu　yí　ge　dòngwùyuán
ペイチン　ヨーウ　イー　コ　トゥンウーユァン

他　不　在　北京。　　彼は北京にいません。
tā　bú　zài　běijīng
ター　プゥー　ツァイ　ペイチン

北京　见！　　（この次は）北京でお会いしましょう！（さようなら！）
běijīng　jiàn
ペイチン　チィエン

　"中国""北京"といった固有名詞はもっとも典型的な場所詞です。

→これらの後に"里"などを置くことはない

§3　名詞の場所化

　一般の名詞はたとえ場所の意味を有するものでも，文法的には場所化しないと場所詞と同じ位置に置くことができません。名詞の場所化には"上""里"などの方位詞を添えます。どちらをえらぶかは名詞の意味によってきまります。

墙上　挂着　世界　地图。　　壁に世界地図がかかっています。
qiángshang　guàzhe　shìjiè　dìtú
チィアンシャン　クワチョ　シーチィエ　ティートゥー

屋子里　有　人。　　へやに人がいます。
wūzili　yǒu　rén
ウーツリ　ヨーウ　レン

"屋子"は名詞、"屋子里"は場所詞

他　在　屋子里。　　彼はへやにいます。
tā　zài　wūzili
ター　ツァイ　ウーツリ

§4　場所名詞

　場所名詞の多くは，語構成の面から見ると，文法的に場所をしめす成分が含まれています（以下の例で太字の箇所）。例をいくつかあげてみましょう。

学校	大学	教室	商店	饭馆	公园	（＋里）
xuéxiào	dàxué	jiàoshì	shāngdiàn	fànguǎn	gōngyuán	li
シュエシィアオ	ターシュエ	チィアオシー	シャンティエン	ファンクヮン	クォんユァン	リ

广场	広場	工地	工事現場	站台	ホーム	（＋上）
guǎngchǎng		gōngdì		zhàntái		shàng
クゥアんチャん		クォんティー		チャンタイ		シャん

（里：中・内の意。もとをただせば「中」の意を含む）
（上：上または表面の意を含む）

　場所名詞でも"里"や"上"を加える場合があり，とくに存在文などでは欠くことができません。課文の"公园里有一家饭馆。"はその1例です。

§5　動詞の持続態 "着"

　動詞の後に持続態をしめす"着"を置くと，動作あるいは状態の持続があらわせます。動詞自体から持続の意味があらわれる場合は"着"を必要としません。
　持続態の打ち消しには"没"あるいは"没有"を使います。

他　等着　你　呢。　　　彼はあなたを待っています。
tā　děngzhe　nǐ　ne
ター　トんチョ　ニー　ナ

屋子里　坐着　一　个　人。　　へやにひとりの人が坐っています。
wūzili　zuòzhe　yí　ge　rén
ウーツリ　ツゥオチョ　イー　コ　レン

（"坐着"を"有"に置き換えると構文がわかりやすい）

　持続態では文末に助詞"呢"を置くことが少なくありません。"呢"は文末に置く"了"に似て，事態の確認をしめします。

§6　副詞 "正在" の使い方

　動作・行為が進行中であることをしめすには副詞"正在"を使います。持続態と併用されることもあります。

他　正在　写着　字　呢。　　彼はちょうど字を書いているところです。
tā　zhèngzài　xiězhe　zì　ne
ター　チョんツァイ　シィエチョ　ツー　ナ

（「目下～中」という意味）

■練習問題 9■

① 日本語に訳しなさい。

(1) 他们都等着你呢。　　(2) 墙上写着字呢。

(3) 家里有两个孩子。

② 中国語に訳しなさい。

(1) 彼はちょうど夕食を食べているところです。
(2) 手に傘を1本持っています。
(3) 彼は新聞を見ています。

③ 文法的に正しくない箇所を書きあらためなさい。

(1) 我不带着表呢。　　(2) 公园里有一座饭馆。

(3) 北京里有一个动物园。

④ 各組の漢字について，2つの字の母音が同じものをえらびだしなさい。

(1) 上——钢　(2) 公——正　(3) 挂——画

(4) 有——手　(5) 园——馆　(6) 拿——家

解答⇨152ページ

第10課 おとといの大事件が起った

前面 来了 一 个 人。 qiánmian láile yí ge rén チィエンミィエン ライラ イー コ レン	前方にひとりの人がやって来た。
前天 发生了 一 件 大事。 qiántiān fāshēngle yí jiàn dàshì チィエンティエン ファーションライ イー チィエン ターシー	おとといひとつの大事件が起った。
邻居 死了 个 老人。 línjū sǐle ge lǎorén リンチュイ スーラ コ ラオレン	近所でお年寄りが亡くなった。
身上 出了 大 汗。 shēnshang chūle dà hàn シェンシァん チューラ ター ハン	体にびっしょり汗をかいた。
外面 下着 雨 呢。 wàimian xiàzhe yǔ ne ワイミィエン シィアチョ ユィ ナ	外は雨が降っています。

("一个"の省略 → 邻居 死了 个 老人)

(持続態"着"を使った現象表現 → 外面 下着 雨 呢)

§1 文のくみたて

現象文（出現・消滅文）：存在文と同じように，場所や時をあらわす語句が主語に置かれ，動詞は完成態"了"をともない，意味上の主体（不特定）が賓語としてその後に置かれます（「～に～が現れた：～で～が消えた」）。

前面　来了　一　个　人。　　⟶　一　个　人
(主)　(動)　　(賓)　　　　　　(定)　　(中)
　　　(述)　　　　　　　　　　　(修飾連語)

（p.45参照）

§2 現象の表現

客人	来	了。	（その）お客さんがいらっしゃった。
kèren	lái	le	
コォレン	ライ	ラ	

→ 主語＋述語

来了	一	位	客人。	（突然ひとりの）お客さんがいらっしゃった。
láile	yí	wèi	kèren	
ライラ	イー	ウェイ	コォレン	

→ 動詞＋賓語（意味上の主体）

語順により

前者は予定されていた客（特定）が来た場合ですが，後者はだれかお客（不特定）が急に来た場合で，「人が来た」という現象をそのまま述べたものです。

つぎの例も現象の表現です。

他	死了	父亲。	彼は父親が亡くなった。
tā	sǐle	fùqin	
ター	スーラ	フゥチン	

自然現象の発生をいいあらわす場合は，このくみたてになるのがふつうです。

下	雨	雨が降る		下	雪	雪が降る
xià	yǔ			xià	xuě	
シィア	ユィ			シィア	シュエ	

刮	风	風が吹く		打	雷	雷がなる
guā	fēng			dǎ	léi	
クワ	フォん			ター	レイ	

§3 数量詞の数詞省略

数量詞を定語とする名詞が動詞の賓語となる場合，その数詞が"一"であるときにかぎり，省略することがあります。

前面	来了	个	人。	前方にひとりの人がやって来た。
チィエンミィエン	ライラ	コ	レン	

请	喝	杯	茶。	お茶を1杯お飲みください。
qǐng	hē	bēi	chá	
チん	ホォ	ペイ	チャー	

§4 方位詞

方角や位置をしめす方位詞には同じ意味の語が平行していくつかあります。

	上うえ	下した	里なか	外そと	前まえ	后うしろ
～边	上边 shàngbian シァンピィエン	下边 xiàbian シィアピィエン	里边 lǐbian リーピィエン	外边 wàibian ワイピィエン	前边 qiánbian チィエンピィエン	后边 hòubian ホウピィエン
～面	上面 shàngmian シァンミィエン	下面 xiàmian シィアミィエン	里面 lǐmian リーミィエン	外面 wàimian ワイミィエン	前面 qiánmian チィエンミィエン	后面 hòumian ホウミィエン

	左ひだり	右みぎ	东ひがし	南みなみ	西にし	北きた
～边	左边 zuǒbian ツゥオピィエン	右边 yòubian ヨウピィエン	东边 dōngbian トゥンピィエン	南边 nánbian ナンピィエン	西边 xībian シーピィエン	北边 běibian ペイピィエン
～面	左面 zuǒmian ツゥオミィエン	右面 yòumian ヨウミィエン	东面 dōngmian トゥンミィエン	南面 nánmian ナンミィエン	西面 xīmian シーミィエン	北面 běimian ペイミィエン

(辺ではない)

方位詞のうち"～边"や"～面"のように2音節形式のものは単用できますが、"上""下"などの1音節形式のものは、ペアにしないと単用できません。

上　有　天堂，　下　有　苏杭。　　上(天上)には天国, 下(地上)
shàng yǒu tiāntáng　xià yǒu sūháng　　には蘇州杭州あり。
シァン ヨーウ ティエンタん　シィア ヨーウ スーハん　　〔蘇州と杭州の風光をほめる〕

上边　有　一　张　报。　　上に新聞が1枚ある。
shàngbian yǒu yì zhāng bào
シァンピィエン ヨーウ イー チャん パオ

2音節形式はすべてそのまま名詞の後に置けますが、1音節形式は"上"と"里"をのぞいて、名詞と自由にむすびつけることができません。

桌子　上面　　机の上　　　　桌子上　　机に〔場所名詞〕
zhuōzi shàngmian　　　　　　zhuōzishang
チゥオツ シァンミィエン　　　　チゥオツシァん

("的"は不要!)

桌子　下面　　机の下　　　　×桌子下
zhuōzi xiàmian
チゥオツ シィアミィエン

■練習問題 10■

1. 日本語に訳しなさい。

    (1) 邻居死了一个孩子。　　(2) 昨天没刮大风。

    (3) 后面来了一辆汽车。

2. 中国語に訳しなさい。

    (1) あのお客さんがいらっしゃった。
    (2) 外は雪が降っている。
    (3) 体に汗をかいた。

3. 文法的に正しくない箇所を書きあらためなさい。

    (1) 昨天发生了一大事。

    (2) 前天一个人走了。

    (3) 屋子外很冷。

    注　冷　：寒い
    　　lěng
    　　ろん

4. 次にかかげる語句をローマ字つづりのＡＢＣ順にならべなおしなさい。

    (1) 下面　(2) 发生　(3) 北边　(4) 客人　(5) 前面

    (6) 桌子

解答⇨152ページ

第11課 昼寝をしたことがない

| 您 nín ニン | 吃过 chīguo チークゥオ | 饭 fàn ファン | 了 le ラ | 吗？ ma マ | お食事はおすみですか？ |

| 你 nǐ ニー | 去过 qùguo チュイクゥオ | 中国 zhōngguó チゥンクゥオ | 没有？ méiyou メイヨウ | | 君は中国に行ったことがありますか？ |

| 大家 dàjiā ターチィア | 都 dōu トウ | 唱过 chàngguo チャンクゥオ | 这 zhèi チェイ | 个 ge コ | 歌儿。gēr コォール | みんなはこの歌を歌ったことがある。 |

| 我们 wǒmen ウォーメン | 见过 jiànguo チィエンクゥオ | 三 sān サン | 回 huí ホエ | 面。miàn ミィエン | わたしたちは3回会ったことがあります。 |

| 他 tā ター | 从来 cónglái ツォんライ | 没 méi メイ | 睡过 shuìguo シゥイクゥオ | 午 wǔ ウー | 觉。jiào チィアオ | 彼はこれまで昼寝をしたことがない。 |

※複雑な文ではまず動詞と賓語を見つけよう

§1 文のくみたて

当否疑問文：内容の当否をたずねる疑問文で，文末に助詞"吗"を置きます。
反復疑問文：肯定＋否定の形式で一方を選択させる疑問文です。

您 吃过 饭 了 吗？   你 去过 中国 没有（去过 中国）？
(主)(動)(賓)(助)(助) (主)(動)(賓) (状) (動)(賓)
    (動賓連語)   (動賓連語)   (動賓連語)
        (述)   (述・並列連語)

§2 当否疑問文のいろいろ

平叙文の最後に"吗"を置けば当否疑問文となります。

你 来 吗？　　あなたは来ますか？
nǐ lái ma
ニー ライ マ

你 好 吗？　　お元気ですか？
nǐ hǎo ma
ニー ハオ マ

→あいさつにも使える。元気なら"很好"と答える

那 是 中国书 吗？　　あれは中国の本ですか？
nà shì zhōngguóshū ma
ナー シ チュンクゥオシゥ マ

你 会 说 中文 吗？　　あなたは中国語が話せますか？
nǐ huì shuō zhōngwén ma
ニー ホエ シゥオ チュンウェン マ

§3 反復疑問文のいろいろ

平叙文の述語の部分を肯定＋否定にします。否定の部分は軽く発音します。

你 来 不 来？　　あなたは来ますか？
nǐ lái bù lái
ニー ライ プゥ ライ

这 个 好 不 好？　　これはよいですか？
zhèi ge hǎo bù hǎo
チェイ コ ハオ プゥ ハオ

述語が動賓連語の場合は賓語の位置によって2通りの形式ができます。

你 吃 饭 不 吃 □？　　你 吃 □ 不 吃 饭？
nǐ chī fàn bù chī　　　 nǐ chī bù chī fàn
ニー チー ファン プゥ チー　　ニー チー プゥ チ ファン

あなたはごはんを食べますか？

動作態の"了"や"过"、助詞"了"を含む場合は文末に"没有"を添えます。

你 吃了 饭 了 没有？　　あなたはご飯を食べましたか？
nǐ chīle fàn le méiyou
ニー チーラ ファンラ メイヨウ

"没有"の代わりに"吗"を置けば当否疑問文となる

§4 動詞の経験態 "过"

"过"は完成態"了"や持続態"着"などと同じく，動詞の後に置いて動作態をしめす成分です。用法には2つあり，その1つはその動作が終わったこと，あるいはすませたことをあらわします。予定されていたり，習慣になっていることなどに使うのがふつうです。

【第1の用法】

我　吃过　晚饭　了。　　　わたしは夕食をすませた。
wǒ　chīguo　wǎnfàn　le
ウォー　チークゥオ　ワンファン　ラ

打ち消しには"还没（有）"を使いますが，"过"ははぶきます。

还　没　吃　呢。　　　　　まだ食べていません。
hái　méi　chī　ne
ハイ　メイ　チー　ナ

もう1つの用法は過去にそのようなことがあった，という意味をあらわすものです。打ち消しは"过"をのこしたまま"没（有）"を加えます。

【第2の用法】

我　吃过　中国菜。　　　　わたしは中国料理を食べたことがある。
wǒ　chīguo　zhōngguócài
ウォー　チークゥオ　チゥンクゥオツァイ

我　没　吃过　法国菜。　　わたしはフランス料理を食べたことがない。
wǒ　méi　chīguo　fǎguócài
ウォー　メイ　チークゥオ　ファークゥオツァイ

§5 動賓タイプの動詞

2音節動詞のなかで，その語構成が動詞＋賓語タイプであるものは，動作態をしめす成分や数量賓語を，核となる動詞の後に置かなければなりません。

见面　会う　⟶　见了　一　次　面　　1回会った
　　　　　　　　jiànle　yí　cì　miàn　　"见面一次"は×
　　　　　　　　チィエンラ　イー　ツー　ミィエン

睡觉　眠る　⟶　睡了　一会儿　觉　　しばらく眠った
　　　　　　　　shuìle　yíhuìr　jiào　　"睡觉一会儿"は×
　　　　　　　　シゥイラ　イーホエル　チアオ

■練習問題 11■

1. 日本語に訳しなさい。
   (1) 他来了没有？　　(2) 大家都吃过饭了。
   (3) 你好吗？——很好，谢谢。

2. 中国語に訳しなさい。
   (1) 北京に行ったことがありますか？
   (2) 北京に行ったことはありません。
   (3) あなたはこの歌を歌いますか？

3. それぞれの単語を使って「１回～したことがある」といってみよう。
   (1) 見面　　(2) 睡午覚　　(3) 吃　日本菜

4. 各組の漢字で，字音がなんらかの点で共通するものをそれぞれ２つえらびなさい。
   (1) 見　面　您　　(2) 唱　三　饭　　(3) 睡　回　来
   (4) 吃　从　次　　(5) 家　歌　觉　　(6) 大　都　我

解答⇨153ページ

第12課 なぜ知らせなかったの？

中国語	ピンイン	カナ	日本語
你 喜欢 吃 什么？	nǐ xǐhuan chī shénme	ニー シーホゥン チー シェンマ	なに（を食べるの）が好きですか？
他 什么 时候儿 到 的？	tā shénme shíhour dào de	ター シェンマ シーホゥル タオ タ	彼はいつ到着したのですか？
你 为什么 没 告诉 我？	nǐ wèishénme méi gàosu wǒ	ニー ウェイシェンマ メイ カオスゥ ウォー	あなたはなぜわたしに知らせなかったの？
你们 学校 在 哪儿？	nǐmen xuéxiào zài nǎr	ニーメン シュエシィアオ ツァイ ナール	あなた方の学校はどこにありますか？
谁 都 知道 这 个 消息。	shéi dōu zhīdao zhèi ge xiāoxi	シェイ トウ チータオ チェイ コ シァオシ	だれもみなこのニュースを知っています。

（～～が疑問詞）

§1 文のくみたて

指定疑問文：特定の疑問詞を使った疑問文ですが，英語などのように語順を倒置せず，答えの入るところに疑問詞を置きます。

你 喜欢 吃 什么？　　他 什么 时候儿 到 的？
(主)(動)(賓・動賓連語)　　(主)　(状)　　(動)(助)
　　(述・動賓連語)　　　　　　　(述)

指定疑問文では，文末に助詞"吗"を置いてはいけません。

§2　疑問詞のいろいろ

ダレ？　谁 啊？　　どなたですか？〔ドアがノックされたとき〕
　　　　　shéi a
　　　　　シェイ ア

→この助詞がついて語気が和らぐ

ナニ？　你 要 什么？　　なにがほしいですか？
　　　　　nǐ yào shénme
　　　　　ニー ヤオ シェンマ

ドレ？　你 要 哪 个？　　どれがほしいですか？
　　　　　nǐ yào něi ge
　　　　　ニー ヤオ ネーイ コ

イツ？　你 什么 时候儿 去？　　いつ行きますか？
　　　　　nǐ shénme shíhour qù
　　　　　ニー シェンマ シーホウル チュイ

ドコ？　你 去 哪儿？　　どこに行きますか？
　　　　　nǐ qù nǎr
　　　　　ニー チュイ ナール

ナゼ？　你 为什么 去？　　なぜ行くのですか？〔"怎么"も使える〕
　　　　　nǐ wèishénme qù
　　　　　ニー ウェイシェンマ チュイ

ドノヨウニ？　你 怎么 走？　　どういうふうに行きますか？
　　　　　　　　nǐ zěnme zǒu　　〔道順や交通手段をたずねるとき〕
　　　　　　　　ニー ツェンマ ツォウ

→これだけでうちとけたあいさつにも使える

ドウデスカ？　身体 怎么样？　　体はどうですか？〔状況をたずねる〕
　　　　　　　　shēntǐ zěnmeyàng
　　　　　　　　シェンティー ツェンマやン

§3　疑問詞の非疑問用法

疑問詞と副詞"都"あるいは"也"の併用により，任意のすべてを指します。

什么 都 好。　　なんでもよい。
shénme dōu hǎo
シェンマ トウ ハオ

§4　"了"と"的"

すでに実現している事柄について，それがどのように実現されたのかという点に表現のポイントを置くときは，動詞の後にある"了"を"的"に置き換えます。

你　什么　时候儿　买　的？　あなたはいつ買ったのですか？
nǐ　shénme　shíhour　mǎi　de
ニー　シェンマ　シーホウル　マーイ　タ

你　怎么　来　的？　あなたはどうやって来たのですか？
nǐ　zěnme　lái　de
ニー　ツェンマ　ライ　タ

§5　"的"の省略

人称代名詞が修飾語（定語）となって領属関係をしめすとき，後につづく名詞によっては修飾語に付加された"的"を省略することができます。

①修飾される語（中心語）が親族名詞のとき

我　父亲　わたしの父
wǒ　fùqin
ウォー　フゥーチン

我　母亲　わたしの母
wǒ　mǔqin
ウォー　ムゥーチン

②修飾される語（中心語）が所属単位のとき

你们　大学　君たちの大学
nǐmen　dàxué
ニーメン　ターシュエ

你们　公司　君たちの会社
nǐmen　gōngsī
ニーメン　クォんス

我们　班　わたしたちのクラス
wǒmen　bān
ウォーメン　パン

我　家　わたしの家
wǒ　jiā
ウォー　チィア

所属単位の場合，人称代名詞は複数形を用いる例が少なくありません。

"的"は中国語でもっとも多く使われる。頻度は5％、100字中5字の割合になる。使う場合だけでなく、使わない場合や使えない場合もよく覚えよう

練習問題 12

1. 日本語に訳しなさい。

    (1) 我不知道这个消息。　　(2) 你什么时候儿告诉他？

    (3) 谁都喜欢吃中国菜。

    注　"知道"は zhīdao，"不知道"は buzhidào で，軽声の位置がことなる。

2. 中国語に訳しなさい。

    (1) 君はなにを買いますか？
    (2) どれでもいいです。
    (3) あなたはなぜ来なかったのですか？

3. それぞれの所在地を相手にたずねよう。

    (1) 家　　(2) 学校　　(3) 公司

4. 各組の語句について声調のくみ合わせが同じものに○，ことなるものに×をつけなさい。

    (1) 什么——怎么　(2) 喜欢——母亲　(3) 这个——告诉

    (4) 知道——公司　(5) 学校——消息

解答⇨153ページ

第13課 ごはんはもう食べ終った

中文	ピンイン	カナ	日本語訳
<u>下午</u> 我们 开 会。	xiàwǔ wǒmen kāi huì	シィアウー ウォーメン **カイ** ホエ	午後わたしたちは会を開きます。
<u>这 件 事</u> 不 能 怪 他。	zhèi jiàn shì bù néng guài tā	チェイ チィエン シー プゥー ノん クヮイ **ター**	このことについては彼を責められない。
<u>一切 办法</u> 都 试过 了。	yíqiè bànfa dōu shìguo le	イーチィエ パンファ トウ シークゥオ ラ	すべての方法をみな試してみた。
<u>饭</u> 已经 吃完 了。	fàn yǐjing chīwán le	ファン イーちん **チ**ーワン ラ	ごはんはもう食べ終えました。
<u>买 票</u> 很 不 容易。	mǎi piào hěn bù róngyì	マーイ **ピ**ヤウ ヘン プゥー ルんイ	切符を買うのはとてもむずかしい。

中国語では主語は行為者に限らない。～～が主語

§1 文のくみたて

主述述語文：述語の部分が主語＋述語で構成される文。

下午 我们 开 会。 这 件 事 〔我们〕 不 能 怪 他。
（主）（主）（動）（賓）（主）（主）（状）（助動）（動）（賓）
　　　　　　　（述）　　　　　　　　　　　　　　（動）（賓）
　　（述・主述連語）　　　　　　　　　　（述・主述連語）

§2 主語となる成分

主語には名詞や代名詞だけでなく、動詞や形容詞のような述語性の成分でも、動賓連語でも、名詞化しないで、そのままその位置を占めることができます。

不 学习 不 行。　　勉強しないのはいけない。
bù xuéxí bù xíng
プゥー シュエシー プゥー シン

学 中文 不 容易。　　中国語を学ぶのはたやすくない。
xué zhōngwén bù róngyì
シュエ チョンウェン プゥー ルンイ

上の2例では"不学习"と"学中文"がそれぞれ主語になっています。

§3 主語と述語の関係

主語には、動作の送り手(行為者)だけでなく、話し手が話題として提示したものも含みます。

上午 我们 开 会。　　午前中われわれは会を開く。〔午前の日程が話
shàngwǔ wǒmen kāi huì　　題となっている〕
シャンウー ウォーメン カイ ホエ

我们 上午 开 会。　　われわれは午前中会を開く。〔話し手の日程が
wǒmen shàngwǔ kāi huì　　話題となっている〕
ウォーメン シャンウー カイ ホエ

上の2例の"上午"は、前者では主語、後者では状語となっています。

このように時間でも、場所でも、動作行為の送り手でも受け手でも、それらに関与する事物でも主語の位置に置くことができるので、主語と述語の関係は話題と説明の関係と言いかえることができます。

教室里 他们 正在 开 会。　　教室では彼らが会議中です。
jiàoshìli tāmen zhèngzài kāi huì
チアオシーリ ターメン チョンツァイ カイ ホエ

这 本 书 没 看过。　　この本は読んだことがない。
zhèi běn shū méi kànguo
チェイ ペン シュ メイ カンクゥオ

这 枝 笔 不 能 写 小 字。　　この筆は小さい字が書けない。
zhèi zhī bǐ bù néng xiě xiǎo zì
チェイ チ ビー プゥー ノン シエ シャオ ツー

65

§4 主語の制約

主語は話題として提示されるものですから，一般的に既知であり，特定できる事物です。

书 看完 了。　（その）本は読み終った。〔どんな本でもよいのではない〕
shū kànwán le

> これを文末に移すと「本を読み終った」となる

主語のしめす事物が，例外なくすべてを包括する意味をもつことがあります。この場合，副詞"都"などがかならず用いられます（第12課§3）。

什么 地方 都 去过。　どんな所もみな行ったことがある。
shénme dìfang dōu qùguo

§5 動詞の時制

中国語には語形変化がなく，動詞に現在・過去などの区別はありません。時をしめすには主として時間副詞や時間名詞を用います。

会 已经 开 了。　（その）会はもう開きました。
huì yǐjing kāi le

我 早就 忘 了。　わたしはとっくに忘れてしまった。
wǒ zǎojiù wàng le

现在 我 吃 饭。　いま（これから）わたしはごはんを食べます。
xiànzài wǒ chī fàn

§6 助動詞"不能"の使い方

「（能力がなくて）できない」のほか，「～してはいけない」の意味でも使われます。

这儿 不 能 说 话。　ここでは話をしてはいけない。
zhèr bù néng shuō huà

■練習問題 13■

1. **日本語に訳しなさい。**

   (1) 早上我们吃面包。　　(2) 这枝笔还没试过。

   (3) 一切办法都不行。

2. **中国語に訳しなさい。**

   (1) 彼はもう行ってしまった。
   (2) このことは君たちを責められない。
   (3) 品物を買うのがたやすくない。

   注　品物：东西
   　　　　　dōngxi
   　　　　　トゥンシ

3. **それぞれの語句を使って「～は～し終った」といってみよう。**

   (1) 看　报　新聞を読む　　(2) 写　信　手紙を書く
   　　kàn bào　　　　　　　　xiě xìn
   　　カン　パオ　　　　　　　シィエ　シン

   (3) 喝　酒　酒を飲む
   　　hē jiǔ
   　　ホォー チィウ

   写ではありません

4. **各組の語句について声調のくみ合わせが同じものに○，ことなるものに×をつけなさい。**

   (1) 一切――容易　　(2) 办法――我们　　(3) 开会――吃饭

   (4) 买票――教室　　(5) 地方――已经

解答⇨153ページ

第14課 どうして彼に聞いてみないの？

小心！ 车 来 了！ xiǎoxin chē lái le シィアオシン チョー ライ ラ	気をつけて！ 車が来ましたよ！
坐坐, 抽 一 枝 烟！ zuòzuo chōu yì zhī yān ツゥオツゥオ チョウ イー チ イェン	ちょっと坐って，タバコを1本吸いなさい。 ── 一服しなさい。
咱们 先 休息休息 吧！ zánmen xiān xiūxi-xiuxi ba ツァーメン シィエン シィウシシィウシ パ	わたしたちはひとまずちょっと休みましょう。
你 怎么 不 问问 他？ nǐ zěnme bú wènwen tā ニー ツェンマ プゥー ウェンウェン タ	君はどうして彼に聞いてみないのか？──聞いてはどうか。
多 练习练习 有 好处。 duō liànxí-lianxi yǒu hǎochu トゥオ リィエンシリィエンシ ヨウ ハオチゥ	たくさん練習をくりかえすことはためになります。

（動詞のかさね形は後が軽声になる）

§1 文のくみたて

命令文：とくに命令文の形式はありませんが，一般的には動詞や動詞性の成分のみでくみたてられます。主語を省略することも多く，主語を加えるとしても"你"を用いるのがふつうです。文末に助詞"吧"を加えることもあります。

[你] 坐坐！　　　　　[你] 抽 一 枝 烟 [吧]！
(主) (述)　　　　　　(主)(動) (賓) (助)
　　　　　　　　　　　　　(述)

§2 動詞のかさね形

同じ動詞をかさねて使うことがあります。かさね形は多くの場合，時間量が短い，動作量が少ないといった意味をあらわします。かさね形の，二つ目の動詞は軽声に発音されます。

你　看看！　　ちょっと見てごらん。
nǐ　　kànkan
ニー　カンカン

请　你　讲讲。　どうかちょっとお話してください。
qǐng　nǐ　jiǎngjiang
チン　ニー　チィアンチィアン

動詞のかさね形を使うと，「ちょっと〜する」，「〜してみる」など，語気がやわらかくなるので命令文や相談をもちかける文によく用いられます。

先　休息休息　吧！　ひとまずちょっと休けいしましょう。
xiān　xiūxi-xiuxi　ba
シィエン　シィウシシィウシ　パ

文脈により，あるいは併用される修飾語などの助けにより，くりかえしの意味をあらわすこともあります。

今天　你　得　多　睡睡。　きょうは君はゆっくり眠らなければいけない。
jīntiān　nǐ　děi　duō　shuìshui
チンティエン　ニー　テーイ　トゥオ　シゥイシゥイ

かさね形の作れる動詞は，動作のくりかえしや中断ができる意味をもつものにかぎられ，一回きりの動作をあらわす動詞はかさねられません。

かさね形に完成態の"了"を用いるときはかさね形動詞が分離します。

她　笑了　笑　就　走　了。　彼女はちょっとほほえみ，行ってしまった。
tā　xiàole　xiào　jiù　zǒu　le
ター　シィアオラ　シィアオ　チィウ　ツォウ　ラ

かさね形の打ち消しには"不"を使いますが，反語の表現や条件句にかぎられます。

不　试试　就　不　知道　好　不　好。　試してみなければ，良否はわからない。
bú　shìshi　jiù　bu　zhīdào　hǎo　bù　hǎo
ブゥー　シーシ　チィウ　ブ　チタオ　ハオ　プゥ　ハオ

§3 人称代名詞"咱们"

1人称代名詞複数の"我们"は話し手側だけで聞き手側を含まないのに対し,"咱们"は話し手と聞き手の双方を含みます。この使い分けは多く北方で用いられます。また"咱们"は仲間同士のうちとけた感じがあるので,あらたまった場面ではあまり使いません。

咱们　走　吧！　　さあ（わたしたち）出かけましょう。
zánmen　zǒu　ba
ツァーメン　ツォウ　パ

"咱们"は聞き手を含むことから,命令文の主語としても用いられます。

§4 反語の表現

反語文の多くは,形式上は疑問文ですが相手に答えを求めているわけではありません。文中に打ち消しの語があれば肯定の,なければ否定の意味になります。

你　怎么　不　知道？　　君はなぜ知らないことがあろうか。──→当然
nǐ　zěnme　bu　zhīdào　　　知っているはずだ。
ニー　ツェンマ　ブゥ　チタオ

你　怎么　知道？　　君はどうして知るものか。──→知るはずがない。
nǐ　zěnme　zhīdao
ニー　ツェンマ　チータオ

中国語の日常会話には反語がよく用いられますが,お礼などに対し「どういたしまして」と応答する表現もそのひとつです。

谢谢,谢谢。　　どうもありがとう。
xièxie　xièxie
シィエシィエ　シィエシィエ

　　　　　　　　それぞれ2回くりかえしていうほうが
　　　　　　　　心がこもる

──哪里,哪里。　　いいえ,どういたしまして。
　　nǎli　nǎli
　　ナーリ　ナーリ

麻烦　你　了。　　あなたにお手数をおかけしました。
máfan　nǐ　le
マーファン　ニー　ラ

──哪儿　的　话。　　とんでもありません。
　　nǎr　de　huà
　　ナール　タ　ホワ

■ 練 習 問 題 14 ■

1. 日本語に訳しなさい。

   (1) 谁不知道？　　　　(2) 多听多说有好处。

   (3) 小心！　汽车来了！

2. 中国語に訳しなさい。

   (1) わたしたちはまずちょっと見てみましょう。
   (2) あなた方はちょっと研究してみなさい。
   (3) 坐って，水を1杯飲みなさい。

   > 注　研究する：研究　　　　水：水　（水でもお湯でもよい）
   > 　　　　　　 yánjiū　　　　　　　shuǐ
   > 　　　　　　 イェンチゥ　　　　　　シュイ

3. 文法的に正しくない箇所を書きあらためなさい。

   (1) 她笑笑了就走了。　　(2) 你们练习一练习吧！

   (3) 你怎么不问问咱们？

4. そり舌音を含む語句をえらび出しなさい。

   (1) 小心　　(2) 好处　　(3) 休息　　(4) 练习

   (5) 知道　　(6) 抽烟

解答⇨153ページ

第15課 これは古いセーターです

这 是 一 件 很 旧 的 毛衣。 zhè shì yí jiàn hěn jiù de máoyī	これは（1枚の）古いセーターです。
这 就 是 我 要 的 那 本 书。 zhè jiù shì wǒ yào de nèi běn shū	これこそわたしの求めていた例の本です。
这 是 我们 日本人 的 骄傲。 zhè shì wǒmen rìběnrén de jiāo'ào	これはわれわれ日本人の誇りです。
我 坐了 一 天 的 火车, 累 了。 wǒ zuòle yì tiān de huǒchē lèi le	わたしは一日中汽車に乗って、つかれました。
他 有 很 多 中国 朋友。 tā yǒu hěn duō zhōngguó péngyou	彼にはたくさんの中国の友人がいます。

（手書き注釈：
- 这就 → ほかでもなく
- 的 → 省略できる
- 中国○朋友 → "的"は入らない／中国人である友人）

§1 文のくみたて

名詞に対する修飾語句（定語）は，修飾される語句（中心語）の前に置きます（定＋中──→修飾連語）。

这 是 一 件 很 旧 的 毛衣。
(主) (動) (定)　(定)　 (中)
　　　　　　　　　(中)
　　　　　(述)

（手書き注釈：定語 → 限定語の意）

§2 名詞に直接むすぶ定語

数量詞や指示代名詞（量詞併用の例を含む）は，そのまま定語になれます。

一 件 毛衣	1枚のセーター	这 件 毛衣	このセーター
yí jiàn máoyī		zhèi jiàn máoyī	
イー チィエン マオイー		チェイ チィエン マオイー	

（量詞はふつう名詞に直接むすぶ）

疑問代名詞や人称代名詞の定語では助詞"的"をともなう場合もあります。とくに所有・所属をしめす領属関係の定語ではかならず"的"が必要です。

什么 书？	どんな本？	哪 个 人？	どの人？
shénme shū		něi ge rén	
シェンマ シュー		ネーイ コ レン	

（所有や所属は"的"が必要）

谁 的 书？	だれの本？	我 的 毛衣	わたしのセーター
shéi de shū		wǒ de máoyī	
シェイ タ シュー		ウォー タ マオイー	

人称代名詞が定語でも中心語が親族や所属単位をしめす場合は直結できます。

我 爸爸	わたしのお父さん	你们 班	君たちのクラス
wǒ bàba		nǐmen bān	
ウォー パーパ		ニーメン パン	

名詞や形容詞は，中心語と結合が固く熟語化する場合のみ直接むすべます。

木头 房子	木造家屋	旧 书	古本
mùtou fángzi		jiù shū	
ムゥートウ ファンツ		チィウ シュー	

书 的 内容	本の内容	漂亮 的 房子	きれいな家
shū de nèiróng		piàoliang de fángzi	
シュー タ ネイルん		ピィアウリィアン タ ファンツ	

§3 "的"をともなう定語

動詞や，単語と単語がむすんだ連語は"的"をともなって定語になります。

来 的 人	来る人； 来た人	我 要 的 书	わたしのほしい本
lái de rén		wǒ yào de shū	
ライ タ レン		ウォー ヤオ タ シュー	

動詞の後につづく時間量賓語は"的"を加えて，後の名詞賓語に対する定語に変えることがあります（例：坐了一天火车──→坐了一天的火车）。

§4 定語と"的"の有無

名詞が名詞の定語になる場合,"的"の有無によって意味のことなることがあります。

中国 朋友　中国人である友人　　中国 的 朋友　中国にとっての
zhōngguó péngyou　　　　　　　zhōngguó de péngyou　友人

孩子 脾气　子どもっぽい性質　　孩子 的 脾气　子どもの性質
háizi píqi　　　　　　　　　　háizi de píqi

上の2組の例はそれぞれその定語が前者は性質,後者は領属をしめします。"的"をともなった定語がその双方をあらわす場合もあります。

林 老师 的 书　林先生の書いた本(性質);
lín lǎoshī de shū　林先生所有の本(領属)

§5 同格の関係になる修飾連語

"天"字　「天」という字　　我们 日本人　われわれ日本人
tiān zì　　　　　　　　　wǒmen rìběnrén

定語と中心語のあらわすものが同一であるため,定語だけでその修飾連語全体に代わることができます。

我们 日本人 的 骄傲 ─→ 我们 的 骄傲

§6 形容詞"多""少"が定語になる場合

"多"と"少"は他の形容詞とことなり,"很"や"不"などの副詞を加えないと定語になれません。この場合,これも他の形容詞とことなり"的"が不要です。

很 多 书　たくさんの本　　不 少 书　少なからぬ本
hěn duō shū　　　　　　　bù shǎo shū

→強調の意味はない

■ 練 習 問 題 15 ■

① 日本語に訳しなさい。

(1) 你的毛衣是哪个？　　(2) 我坐了一天的汽车。

(3) 他买了一所木头房子。

> 注　所："房子"の量詞
> suǒ
> スゥオ

② 中国語に訳しなさい。

(1) それは1冊の古い本です。
(2) これはわれわれ若者のほこりである。
(3) あれはわたしの父のかいた絵です。

> 注　若者：年青人　　　　絵をかく：画　画儿
> 　　　　niánqīngrén　　　　　　　　huà　huàr
> 　　　　ニィエンチんレン　　　　　　　ホワ　ホワル

③ 次の各組の中国語を意味のちがいがわかるように訳しなさい。

(1)　a．这是他写的书。　　　b．这就是他写的书。
(2)　a．中国朋友　　　　　　b．中国的朋友

④ 次のそれぞれの語から，軽声音節を含むものをえらび出しなさい。

(1)　老师　　(2)　木头　　(3)　内容　　(4)　朋友

(5)　漂亮　　(6)　日本

解答⇨153ページ

第16課 部屋の中はひっそりしている

→発音は"的"と同じ

他 热情地	接待了	我们。	彼は温かくわれわれをもてなした。
tā rèqíngde	jiēdàile	wǒmen	
ター ロォーチんタ	チィエタイラ	ウォーメン	

你们 应该	好好儿	学习。	君たちはしっかり勉強すべきです。
nǐmen yīnggāi	hǎohāor	xuéxí	
ニーメン インカイ	ハオハオル	シュエシー	

我 痛痛快快地	玩儿了 一 天。	わたしは1日思いきり遊びました。
wǒ tòngtongkuàikuàide	wánrle yì tiān	
ウォー トゥんトゥんコゥイコゥイタ	ワルラ イー ティエン	

rは発音しない

你 最近 怎么	糊里糊涂的？	君はこのごろどうしてぼうっとしているの？
nǐ zuìjìn zěnme	húlihútude	
ニー ツォエチン ツェンマ	ホーリホートゥタ	

屋子里	静悄悄的。	部屋の中はひっそりしている。
wūzili	jìngqiāoqiāode	
ウーツリ	チんチィアオチィアオタ	

§1 文のくみたて

動詞や形容詞に対する修飾語句(状語)は，修飾される語句(中心語)の前に置きます(状＋中→修飾連語)。

他 热情地 接待了 我们。   很 多 中国 朋友 (第15課)
(主) (状) (中) (賓)   (状)(中)(定)(中)
        (動)   (定)
    (述)   (中)

§2 状語になる成分

副詞は動詞や形容詞の修飾語（状語）にしかなれません。

大概 来 たぶん来るでしょう　　**已经 好 了** もうなおった
dàgài lái　　　　　　　　　　　yǐjing hǎo le
ターカイ ライ　　　　　　　　　　イーチん ハオ ラ

ただし，副詞のなかには単用できたり，名詞を修飾するものも若干あります。

不，我 不 去。 いや，わたしは行きません。　　**都 星期五 了。** もう金曜だ。
bù wǒ bú qù　　　　　　　　　　　　　　　　dōu xīngqīwǔ le
ブー ウォ ブー チュイ　　　　　　　　　　　　トウ シんチーウー ラ

副詞のほか，形容詞や形容詞のかさね形，さらに数量詞，名詞（主として時間詞と場所詞）なども状語になります。

多 吃 一点儿 すこし多く食べる　　**北京 见！** 北京でお会いしましょう！
duō chī yìdiǎnr　　　　　　　　　běijīng jiàn
トゥオ チー イーティアル　　　　　　ペーイちん チィエン

§3 助詞"的"をともなう状語

一部の副詞と形容詞（かさね形を含む）は"的"をともなって状語となることがあります。書きことばでは"地"と表記しますが，発音は"的"と同じです。

（省略可能）

非常地 困难 非常に困難だ　　**好好儿地 看** 十分よく見る
fēichángde kùnnan　　　　　　hǎohāorde kàn
フェイチャんタ コェンナン　　　　ハオハオルタ カン

一般の名詞や動詞などが状語になる場合は，ふつう"的"を必要とします。

官僚主义地 处理 官僚主義的に処理する
guānliáozhǔyìde chǔlǐ
クヮンリャオチューイータ チューリー

他 怀疑地 说 彼は疑わしそうに言った
tā huáiyíde shuō
ター ホワイイータ シュオ

連語も"的"をともなって状語になりますが，介詞連語（第17課）は例外で，中心語に直接むすびます。

§4 形容詞のかさね形（状態形容詞）

形容詞のかさね形は原形とことなり，程度副詞を加えた形容詞と同じように状況や状態をあらわします。かさね形には打ち消しの"不"や程度副詞がつきません。かさね形にはいくつかのタイプがあります。

1音節形容詞のかさね形は第2音節を第1声に変えr化する例もあります。

胖胖的　人　　　ふとっている人
pàngpàngde rén
パンパンタ　レン

慢慢儿（地）　看　　ゆっくり見る
mànmānr (de) kàn
マンマル　（タ）　カン

2音節形容詞はそのままかさねるのではなく，ＡＢ──→ＡＡＢＢとなります。

老老实实的　工人　　まじめな労働者
lǎolaoshíshíde gōngrén
ラオラオシーシータ　クォんレン

2音節形容詞のなかにはそのままかさねるタイプのものもあります。これは原形が比喩的な修飾成分をもつ形容詞です。

雪白雪白的　衣服　　雪のようにまっ白な服
xuěbáixuěbáide yīfu
シュエパイシュエパイタ　イーフゥ

2音節形容詞のなかで，好ましくない意味をもつものにはＡＢ──→Ａ里ＡＢというかさね形があり，このタイプには好ましく思わない気持がこめられます。

糊涂　──→　糊里糊涂　　おろかである
hútu　　　　húlihútu
ホートゥ　　　ホーリホートゥ

そのほか，形容詞にかさね形の後置成分を加えるタイプもあります。

静悄悄地　坐着　　そっと静かに坐っている
jìngqiāoqiāode zuòzhe
チんチアオチアオタ　ツォチョ

§5 状態形容詞（形容詞のかさね形）の語尾

状態形容詞は，定語あるいは述語になるとき，一般に語尾"的"をともない，状語となるときも"的"をともなう例が少なくありませんが，"好好儿"のようなタイプでは"的"を省くことがあります。状語は，書きことばで"地"と表記します。このほか補語になるときも"的"をともなうことがあります。

状態形容詞の語尾"的"と助詞"的"は形は同じですが，文法的なはたらきは同じでありません。

■ 練 習 問 題 16 ■

① 日本語に訳しなさい。

(1) 还有时间，慢慢儿走吧。　　(2) 屋子里怎么静悄悄的？

(3) 他怀疑地说："不，她不去。"

② 中国語に訳しなさい。

(1) きみは十分に休むべきです。
(2) わたしはぼんやりと一日を過ごした。
(3) 彼女はお客さんを温かくもてなした。

> 注　過ごす：过
> 　　　　　guò
> 　　　　　クゥオ

③ 次のそれぞれの形容詞をかさね形（状態形容詞）になおしなさい。

(1) 老实　　(2) 痛快　　(3) 雪白

④ 次の各組の語について，下線部の母音と子音が同じものをえらびなさい。ただし，声調は同じでなくてよい。

(1) 主义——处理　　(2) 学习——雪白　　(3) 衣服——已经

(4) 屋子——星期五　　(5) 最近——静悄悄的

解答⇨153ページ

第17課 駅から遠くありません

		彼はベッドで横になっている。
他 在 床上 躺着。 tā　zài　chuángshang　tǎngzhe ター　ツァイ　チュアんシャん　タんチョ		
第一 节 课 从 八 点 钟 开始。 dìyī　jié kè cóng bā diǎn zhōng kāishǐ ティイー チエコォ ツォんパー ティエン チュん カイシー		1時間目は8時から始まります。
我 家 离 火车站 不 远。 wǒ jiā lí huǒchēzhàn bù yuǎn ウォー チア リー フォチョーチァン プゥ ユアン		わたしの家は駅から遠くない。
这些 都 是 别人 给 他 做 的。 zhèi xiē dōu shì biéren gěi tā zuò de チェイシィエ トウ シ ピィエレン ケイ ター ツゥオ タ		これらはみな他の人が彼に作ってあげたものです。
他 不 拿 玻璃杯 喝 啤酒。 tā bù ná bōlibēi hē píjiǔ ター プゥ ナー ポーリペイ ホォー ピーチィウ		彼はグラスでビールを飲みません。

§1 文のくみたて

　介詞によってくみたてられる<u>介詞連語</u>は動詞や形容詞を中心語として，その状語になります。

　他　在　床上　躺着。
　(主)　(状)　　(中)
　　　　　　(述)

↑上の例文で波線の部分

§2 介詞と介詞連語

　介詞とは動作・行為に関連する人や物，あるいは場所・時間などを動詞に取りつぐはたらきをする語です。単独に用いることなく，後に賓語を置いて介詞連語をつくります。
　介詞のほとんどは動詞としても使っているものか，動詞の意味が弱化したものです。次の各組とも(a)は動詞，(b)は介詞です。

"在" (a) 他　在　礼堂　呢。
　　　　 tā　zài　lǐtáng　ne
　　　　 ター ツァイ リータん ナ

彼は講堂にいます。

(b) 他　在　礼堂　看　电影。　［→r化することもある］
　　tā　zài　lǐtáng　kàn　diànyǐng
　　ター ツァイ リータん カン ティエンイん

【場所】

彼は講堂で映画を見ています。

"给" (a) 我　给　他　一　本　书。
　　　　 wǒ　gěi　tā　yì　běn　shū
　　　　 ウォー ケーイ ター イー ペン シュー

わたしは彼に本を1冊あげる。　［二重賓語］

(b) 我　给　他　打　针。
　　wǒ　gěi　tā　dǎ　zhēn
　　ウォー ケーイ ター ター チェン

【受益者】

わたしは彼に注射をしてあげる。

なかには介詞としてしか使えないものもあります。

"从"　他　从　哪儿　来？
　　　 tā　cóng　nǎr　lái
　　　 ター ツォん ナール ライ

【起点】

彼はどこから来るのですか？

　一部の介詞連語は助詞 "的" をともなって名詞の修飾語（定語）にもなります。

"朝"　这　是　朝　南　的　屋子。
　　　 zhè　shì　cháo　nán　de　wūzi
　　　 チョー シ チャオ ナン タ ウーツ

【方向】

これは南向きの部屋です。

<u>介詞連語を含む述語では打ち消しの副詞をどこに置くか，注意が必要です。</u>介詞の動詞性が強く，後に動詞（句）がつづくときは多く介詞の前に置きます。

"用"　他　不　用　日文　说　话。
　　　 tā　bú　yòng　rìwén　shuō　huà
　　　 ター ブゥー ヨん リーウェン シゥオ ホワ

【道具・手段】

彼は日本語で話をしない。

§3　介詞 "从" と "离" のちがい

"从" と "离" はいずれも「〜から」と訳せますが，"从" は起点をしめし，"离" は時間的あるいは空間的なへだたりを述べる場合の基点をしめします。

从　东京　到　横滨　有　二十　公里。
cóng dōngjīng dào héngbīn yǒu èrshí gōnglǐ
ツォん トんチん タオ ホンピン ヨーウ アルシー クォんリー

東京から横浜まで20キロある。

横滨　离　东京　有　二十　公里。
héngbīn lí dōngjīng yǒu èrshí gōnglǐ
ホンピン リー トんチん ヨーウ アルシー クォんリー

横浜は東京から20キロある。

离　中秋节　还　有　半　个　月。
lí zhōngqiūjié hái yǒu bàn ge yuè
リー チゅんチィウチィエ ハイ ヨーウ パン コ ユエ

中秋節（お月見）までまだ半月ある。

§4　主語の分類・所属を説明する "…是〜的"

「…は〜なのです」と説明する文

他　是　从　中国　来　的。
tā shì cóng zhōngguó lái de
ター シ ツォん チゅんクゥオ ライ タ

彼は中国から来たのです。

§5　序数の表現

序数は数詞の前に接辞 "第" をつけます。

日本队　第二　名。
rìběnduì dì'èr míng
リーペントゥエ ティーアル ミん

日本チームは第2位です。

他　是　第一　次　来　的。
tā shì dìyī cì lái de
ター シ ティーイー ツー ライ タ

かれははじめて来たのです。

しかし，日づけや曜日をはじめ，"第" を用いないで序数となる例もあります。

二　楼　　　2階
èr lóu
アル ロウ

八　号　房间　　　8号室
bā hào fángjiān
パー ハオ ファンチィエン

■ 練 習 問 題 17 ■

1. 日本語に訳しなさい。

　(1)　他在床上看着报呢。　　(2)　这些都是我给她画的。

　(3)　离中秋节只有一个星期了。

　　注　只：ただ〜だけ
　　　　zhǐ
　　　　チー

2. 中国語に訳しなさい。

　(1)　大会は明日から始まります。
　(2)　彼の家は学校から遠くない。
　(3)　彼はグラスでお湯を飲む。

　　注　お湯（飲用）：开水
　　　　　　　　　　kāishuǐ
　　　　　　　　　　カイシゥイ

3. 文法的に正しくない箇所を書きあらためなさい。

　(1)　他给了我打针。　　　　(2)　他是第两次来的。

　(3)　他用日文不说话。

4. 次のそれぞれの語をローマ字つづりの長い順に並べなさい。

　(1)　別人　　(2)　床上　　(3)　电影　　(4)　火车站

　(5)　啤酒　　(6)　屋子

解答⇨153ページ

第18課 彼は一流大学に合格した

旅馆 lǚguǎn リュイクヮン	和 hé ホォー	车票 chēpiào チョーピィアウ	都 dōu トウ	订好 dìnghǎo ティンハオ	了。le ラ	旅館と乗車券はみな予約ずみです。

我 来晚 了, 很 对不起。
wǒ láiwǎn le hěn duìbuqǐ
ウォー ライワーン ラ ヘン トゥエプッチー

わたしは遅れて来て，申しわけありません。

→おわびのことば。覚えておくと便利！

我 没 找到 他们。
wǒ méi zhǎodào tāmen
ウォー メイ チャオタオ ターメン

わたしは彼らが見つからなかった。

他们 终于 爬上了 顶峰。
tāmen zhōngyú páshàngle dǐngfēng
ターメン チュンユイ パーシャンラ ティンフォン

彼らはついに頂上に登った。

他 考上了 名牌儿 大学。
tā kǎoshàngle míngpáir dàxué
ター カーオシャンラ ミンパル ターシュエ

彼は一流大学に合格した。

↑「ブランド品」のこと！

§1 文のくみたて

　動詞に対する補語は動詞の後に置きますが，そのうち結果補語と方向補語は前の動詞と直接むすび，あたかも複合動詞のように一体化します。

旅馆 和 车票 　都 　订 　好 　了。
（主・並列連語）（状）（動）（補）（助）
　　　　　　　　　　　（動）
　　　　　　　　　　　　（述）

§2 結果補語

動詞の後に補語としてその結果をしめす形容詞を置くもの：

你 睡好 了 吗？　よく眠れましたか？
nǐ shuìhǎo le ma
ニー シュィハオ ラ マ

→「ちゃんと〜し終る」意の結果補語としていろいろな動詞につく

孩子 长大 了。　子どもが（成長して）大きくなった。
háizi zhǎngdà le
ハイツ チャンター ラ

動詞の後に補語としてその結果をしめす動詞を置くもの：
後の動詞に意味の重点のあることが少なくありません。

你 听懂 了 吗？　（聞いて）わかりましたか？
nǐ tīngdǒng le ma
ニー ティんトゥん ラ マ

我 看完了 这 本 小说。　私はこの小説を読み終った。
wǒ kànwánle zhèi běn xiǎoshuō
ウォー カンワンラ チェイ ペン シィアオシゥオ

第一の成分が形容詞のこともあります。

热死了 两 个 人。　暑くて2人が死んだ。
rèsǐle liǎng ge rén
ロォスーラ リァん コ レン

否定形は"没（有）"を用いて結果補語を打ち消します。

这 衣服 没 洗干净。　この服はきれいに洗ってない。→
zhè yīfu méi xǐgānjìng　洗ったがきれいになっていない。
チョー イーフゥ メイ シーカンチん

他 还 没 喝醉。　彼はまだ酔っていない。
tā hái méi hēzuì
ター ハイ メイ ホォーツゥエ

"不"を動詞の前に置くと，仮定の条件をしめすことになります。

不 洗干净 不 能 休息。　きれいに洗わないと，休めません。
bù xǐgānjìng bù néng xiūxi
ブゥー シーカンチん ブゥー ノん シィウシ

§3　方向補語

方向補語とは動詞の後に置いて動作・行為のすう勢や方向をしめすものです。
話し手の位置あるいは立場を基準とするもの：
"来"（近づく），"去"（遠ざかる）。

请　进来！　　　　　どうぞお入りください。
qǐng　jìnlái
チン　チンライ

给　他　寄去了　贺年片。　　彼に年賀状を出した。
gěi　tā　jìqùle　hèniánpiàn
ケーイ　ター　チーチュイラ　ホォーニィエンピィエン

運動する事物自身の置かれていた位置を基準とするもの：
"进"（入る），"出"（出る），"上"（のぼる），"下"（くだる），"回"（もどる），"过"（すぎる），"起"（立つ），"开"（はなれる）。

方向補語は動作・行為の具体的な動きをあらわす（例：爬上）だけでなく，抽象的な派生義をあらわす（例：考上）ことが少なくありません。
たとえば"上"の派生義は対象への到達，目的の達成・実現などです。

我们　都　买上　了。　　　われわれはみな買いました。
wǒmen　dōu　mǎishàng　le
ウォーメン　トウ　マイシァン　ラ

我　穿上了　大衣。　　　わたしはコートを身につけた→着ました。
wǒ　chuānshàngle　dàyī
ウォー　チュアンシァンラ　ターイー

§4　連詞（接続詞）　→英語のand

単語や連語をむすんで並列連語にしたり，文の接続に用いる語が連詞です。

北京、上海　和　天津。　　北京，上海，（そして）天津。〔並列をしめす
běijīng　shànghǎi　hé　tiānjīn　　句読点に注意〕
ペーイチン　シァンハイ　ホォー　ティエンチン
　　　　　　　　　　　　　　→並列には、ではなく、を使う

連詞を使わず，ただ単語をならべるだけで並列連語にすることもあります。

美国、英国、法国。　　アメリカ，イギリス，フランス。
měiguó　yīngguó　fǎguó
メーイクゥオ　インクゥオ　ファークゥオ

練習問題 18

1. 日本語に訳しなさい。
   - (1) 机票已经订好了。
   - (2) 他们找到了没有？
   - (3) 美国和法国我都去过。

2. 中国語に訳しなさい。
   - (1) 彼は遅刻しなかった。
   - (2) 彼らはみな木に登った。
   - (3) 彼の子どもは名門中学に合格した。

   注　木：树　　　　中学：中学
   　　　shù　　　　　 zhōngxué
   　　　シュー　　　　チゥんシュエ

3. 空欄に a～d のいずれかの語を入れ文を完成させなさい。

   a．到　　　b．好　　　c．来　　　d．上

   - (1) 可以进〔　　〕吗？
   - (2) 你休息〔　　〕了吗？
   - (3) 穿〔　　〕一件毛衣。
   - (4) 买〔　　〕了那本小说。

4. 次のそれぞれの語句から第3声の音節を含むものをえらびなさい。
   - (1) 顶峰
   - (2) 对不起
   - (3) 旅馆
   - (4) 听懂
   - (5) 英国
   - (6) 终于

解答⇨153ページ

第19課 部屋をちょっとかたづけなさい

| 你 nǐ ニー | 把 bǎ パー | 屋子 wūzi ウーツ | 收拾 shōushi ショウシ | 一下。 yíxià イーシィア | 君は部屋をちょっとかたづけなさい。 |

| 他 tā ター | 把 bǎ パー | 资料 zīliào ツーリィアウ | 都 dōu トウ | 借来 jièlái チィエライ | 了。 le ラ | 彼は資料をみな借りて来た。 |

「配偶者」。「愛人」の意味はない

| 我 wǒ ウォー | 没 méi メイ | 把 bǎ パー | 我 wǒ ウォー | 爱人 àiren アイレン | 带去。 dàiqù タイチュイ | わたしは妻(あるいは夫)をつれて行かなかった。 |

禁止をしめす副詞

| 别 bié ピィエ | 把 bǎ パー | 纸 zhǐ チー | 随便 suíbiàn ソェピィエン | 扔。 rēng ロん | 紙を勝手に捨ててはいけない。 |

| 连 lián ㇽィエン | 他 tā ター | 都 dōu トウ | 不 bú プゥー | 认识。 rènshi レンシ | 彼さえも知らない(知り合いでない)。 |

§1 文のくみたて

介詞"把"にみちびかれる介詞連語は他の介詞と同じように，状語として動詞(句)の前に置きます。

你 (主) 把 (介) 屋子 (賓) 收拾 (動) 一下。(数賓)
    　　　　(状)　　　　　(中)
    　　　　　　　(述)

§2 介詞"把"を使った処置文

動詞のあらわす動作・行為の受け手である賓語を介詞"把"によって動詞の前にひき出すと，対象となっている人や物に対しなんらかの処置をしたり，影響をあたえたりすることに重点を置く文がつくれます（処置文）。

処置文成立の条件として動詞がはだかのままではなく，他のなんらかの成分をともなっていること，また"把"にみちびかれる賓語が特定のものであることがもとめられます。

× 把 饭 吃。 —→ ○ 把 饭 吃完 了。　ごはんを食
　　bǎ　fàn　chīwán　le　　べ終えた。
　　パー　ファン　チーワン　ラ

上の例における"饭"のように特定をしめす修飾語句がなくても，"把"を用いている以上，特定された"饭"の意味になります（例：そのごはん）。

你 把 茶 拿来！　きみはあの（例の）お茶を持って来なさい。
nǐ　bǎ　chá　nálái
ニー　パー　チャー　ナーライ

処置文における「処置」とは，かならずしも意識的な処置ばかりではありません。

我 把 钱包儿 丢 了。　　わたしは財布をおとした。
wǒ　bǎ　qiánbāor　diū　le
ウォー　パー　チィエンパオル　ティウ　ラ

多くの処置文は日本語で「…ヲ〜スル」と訳せますが，なかには「…ニ〜スル」のように，"把"の賓語を「ヲ」ではなく「ニ」で受ける例もあります。

我 把 这 个 消息 告诉 他 了。　わたしはこのニュース
wǒ　bǎ　zhèi　ge　xiāoxi　gàosu　tā　le　を彼に知らせた。
ウォー　パー　チェイ　コ　シィアオシ　カオスゥ　ター　ラ

中国語では"告"だけで「告訴する」意

他 把 墙 挖了 一 个 洞。　彼は壁に穴をひとつ掘った。
tā　bǎ　qiáng　wāle　yí　ge　dòng
ター　パー　チィアン　ウゥーラ　イー　コ　トゥン

打ち消しの場合は否定副詞を介詞"把"の前に置きます。

我 没 把 钥匙 带来。　わたしはかぎを持って来なかった。
wǒ　méi　bǎ　yàoshi　dàilái
ウォー　メイ　パー　ヤオシ　タイライ

打ち消しは介詞の前から

§3　介詞"连"を使った強調文

強調すべき人や物を，介詞"连"の賓語とし，副詞"都"と呼応させて，それぞれ後につづく動詞(句)の状語に用いると強調文がつくれます。

连　小孩儿　都　懂。　　　小さい子どもでさえわかります。
lián　xiǎoháir　dōu　dǒng
リィエン　シィアオハル　トウ　トゥン

副詞"也"と呼応する例もあります。

连　饭　也　还　没　吃。　ごはんさえまだ食べていません。
lián　fàn　yě　hái　méi　chī
リィエン　ファン　イエー　ハイ　メイ　チー

"连～都/也…"で「～さえも…」

§4　禁止の表現

禁止や制止をしめす"不要"と"别"は副詞で，状語の位置に置かれます。

你　不要　出去！　　　きみは出かけてはいけない。
nǐ　búyào　chūqù
ニー　ブゥーヤオ　チゥーチュイ

别　着急！　　　あせってはいけない。
bié　zháojí
ピィエ　チャオチー

"不要"と"别"は入れ替え可能ですが，"别"は後に動詞(句)を置かずに使うことがあります。

别，别，咱们　一起　走　吧。　だめ，だめ，わたしたちはいっしょに行きましょう。
bié　bié　zánmen　yìqǐ　zǒu　ba
ピィエ　ピィエ　ツァーメン　イーチー　ツォウ　パ

§5　数量詞"一下"

"一下"は動詞の後に置いて動作量をしめします。数詞はふつう"一"にかぎられ，動詞のかさね形に似て「ちょっと～する」と不定量をあらわします。

请　等　一下。　ちょっとお待ちください。〔第7課〕
qǐng　děng　yíxià
チん　トン　イーシィア

練習問題 19

1. 日本語に訳しなさい。

    (1) 别把这个消息告诉他。　　(2) 小孩儿把纸随便扔。

    (3) 你们一起把屋子收拾收拾。

2. 中国語に訳しなさい。

    (1) わたしは本を持って来なかった。
    (2) 彼はわれわれさえも知らない。
    (3) わたしはその資料をみなおとしてしまった。

3. 次のそれぞれの語句を使って処置文をつくりなさい。ただし，動詞は指示された形式にすること。

    (1) 茶　　拿　〔方向補語を加える〕

    (2) 饭　　吃　〔結果補語を加える〕

    (3) 墙　　一个洞　　挖　〔完成態にする〕

    (4) 书包　　收拾　〔数量詞"一下"を用いる〕

4. そり舌音を含む語をえらび出しなさい。

    (1) 爱人　　(2) 出去　　(3) 随便　　(4) 消息

    (5) 着急　　(6) 资料

解答⇨154ページ

Track 21

第20課 トラはつかまえられた

中文	ピンイン	カナ	和訳
衣服 被 雨 淋湿 了。	yīfu bèi yǔ línshī le	イーフ ペイ ユィ リンシー ラ	服が雨にぬれた。
他 被 人 打碎了 一 颗 牙。	tā bèi rén dǎsuìle yì kē yá	ター ペイ レン ターソェラ イー コォ ヤー	彼は1本の歯を人にたたきわられた。
老虎 被 捉住 了。	lǎohǔ bèi zhuōzhù le	ラオフ ペイ チゥオチゥ ラ	トラはつかまえられた。
我 的 鞋 叫 人 拿错 了。	wǒ de xié jiào rén nácuò le	ウォー タ シィエ チィアオ レン ナーツッォ ラ	わたしの靴が人にまちがえられた。
这 件 事 让 他 知道 了。	zhèi jiàn shì ràng tā zhīdao le	チェイ チィエン シー らん ター チータオ ラ	この事は彼に知られてしまった。

（意味のない成分。子どものトラでも"老虎"）

※波線は結果補語のついた動詞

§1 文のくみたて（受け身文）

受け身表現は，受け身の介詞の賓語として行為者を置く介詞連語をつくり，後につづく動詞の状語とします。

衣服 被 雨 淋湿 了。   这 件 事 让 他 知道 了。
(主)(介)(賓)(動)(助)   (主)(介)(賓)(動)(助)
　　　(状)　　　　　　　　　　　(状)
　　　　(述)　　　　　　　　　　　(述)

§2　受け身の介詞

受け身の介詞は3語ありますが，"被"は「被害」という日本語からもわかるように，もともと話し手にとって望ましくない出来事に使われる傾向があります。

我　被　他　打了　一　顿。　　わたしは彼に1度なぐられた。
wǒ　bèi　tā　dǎle　yí　dùn
ウォー　ペイ　ター　ターラ　イー　トゥン

钱包儿　被　人　偷　了。　　財布が人にぬすまれた。
qiánbāor　bèi　rén　tōu　le
チィエンパオル　ペイ　レン　トウ　ラ

もちろん"被"を使っても，かならずしも望ましくないことばかりでなく，近年は望ましい出来事にも用いる例があります。

他　被　人　救活　了。　　彼は人に救助された。
tā　bèi　rén　jiùhuó　le
ター　ペイ　レン　チィウフオ　ラ

"被"は書きことばで多く使われる傾向がありますが，話しことばではその代わりに"叫"や"让"がよく用いられます。

鱼　叫　猫　吃　了。　　魚はネコに食べられてしまった。
yú　jiào　māo　chī　le
ユィ　チィアオ　マオ　チー　ラ

我　的　字典　让　他　拿走　了。　　わたしの字典は彼に持って
wǒ　de　zìdiǎn　ràng　tā　názǒu　le　　　行かれてしまった。
ウォー　タ　ツーティエン　ラん　ター　ナーツォウ　ラ

上の2例はそれぞれ"叫、让"のいずれにも変えられます。また"被"にすることもできます。

行為者がはっきりしないとき，また行為者をしめす必要がないときは，"被"にかぎり，その賓語を省略することがあります。

老虎　被　打死　了。　　トラはたたき殺された。
lǎohǔ　bèi　dǎsǐ　le
ラオフ　ペイ　タースー　ラ

受け身の打ち消しは他の介詞連語の場合と同じように副詞"没（有）"を介詞の前に置きます。仮定や条件をしめす場合は"不"を使います。

§3　受け身文の動詞

受け身文では動詞がはだかのままではなく，結果補語をともなったり，数量詞をともなったり，完成や結果の意味があらわれるような形式になるのが自然です。

魚　没　被　猫　吃掉。　　　魚はネコに食べつくされてしまわなかった。
yú　méi　bèi　māo　chīdiào
ユィ　メイ　ペイ　マオ　チーティアオ

2音節動詞の場合には動詞だけ用いることもあります。

这　件　事　让　他　知道　了。　　このことは彼に知られてしまった。
zhèi　jiàn　shì　ràng　tā　zhīdao　le
チェイ　チィエン　シー　ラん　ター　チータオ　ラ

動詞の後に賓語を置くこともあります。

他　被　人　打断了　右腿。　　彼は人に右足をたたき折られた。
tā　bèi　rén　dǎduànle　yòutuǐ
ター　ペイ　レん　タートゥアンラ　ヨウトゥエ

上の例で動詞の賓語は主語"他"に対し<u>部分</u>と<u>全体</u>の関係にあります。

§4　受け身の介詞を使わない受け身文

中国語では受け身の表現にかならず受け身の介詞を用いるのではなく，主語と述語との意味的な関係から，主語が受け手としか考えられない場合は介詞を使わない例も少なくありません。

老虎　捉住　了。　　トラはつかまえられた。
lǎohǔ　zhuōzhù　le
ラオフ　チゥオチゥ　ラ

cf. 日本語で受け身を使う表現でも中国語では受け身にならないことが多い

吃　奶　的　孩子　抱来　了。　　お乳を飲んでいる子どもが抱かれてやって来た。
chī　nǎi　de　háizi　bàolái　le
チー　ナーイ　タ　ハイツ　パオライ　ラ

§5　常用される結果補語

本課に使われた"住"（安定・固定をしめす），"错"（まちがいをしめす），"掉"（なくなることをしめす）などは，多くの動詞の後に置いて結果補語となります。

練習問題 20

1. 日本語に訳しなさい。

    (1) 书包被人偷了。　　(2) 东西都叫他拿走了。

    (3) 这个消息让他们知道了。

2. 中国語に訳しなさい。

    (1) 彼に一度ののしられた。
    (2) そのスリはつかまえられた。
    (3) わたしの雨傘が人にまちがえられた。

    注　ののしる：骂　　スリ：扒手　　傘：雨伞
    　　　　　　　mà　　　　　　páshǒu　　　　yǔsǎn
    　　　　　　　マー　　　　　パーショウ　　ユィサーン

3. 次のそれぞれの動詞に結果補語を加え，後にしめす意味をあらわす複合動詞をつくりなさい。

    (1) 卖（　　）　　売りつくす　　(2) 看（　　）　　見まちがえる

    (3) 站（　　）　　立ち止まる　　(4) 折（　　）　　折る
    　　zhàn　　　　　　　　　　　　　zhé
    　　チャン　　　　　　　　　　　　チョー

4. 次の各組の語句について，声調のくみ合わせが同じものをえらびなさい。

    (1) 吃掉——捉住　(2) 老虎——打碎　(3) 右腿——字典

    (4) 淋湿——拿走　(5) 衣服——救活

解答⇨154ページ

第21課 彼はわたしより少し背が高い

中文	ピンイン	カナ	日本語訳
他 比 我 高 一点儿。	tā bǐ wǒ gāo yìdiǎnr	ター ピー ウォー カオ イーティアル	彼はわたしより少し背が高い。
住 平房 比 住 楼房 方便。	zhù píngfáng bǐ zhù lóufáng fāngbiàn	チゥ ピんファん ピー チゥ ロウファん ファんピィエン	平家に住むのは高い建物に住むより便利だ。
哥哥 没 有 弟弟 聪明。	gēge méi yǒu dìdi cōngming	コォーコォ メイ ヨーウ ティーティ ツォんみん	兄は弟ほど賢くない。
妹妹 跟 姐姐 一样 高。	mèimei gēn jiějie yíyàng gāo	メイメイ ケン チィエチィエ イーヤん カオ	妹は姉と同じくらいの背たけがある。
天气 一 天 比 一 天 热。	tiānqì yì tiān bǐ yì tiān rè	ティエンチー イー ティエン ピー イー ティエン ロォ	天気は日ましに暑くなる。

語順に注意!!

かさね形の親族名詞は2字目が軽声

§1 文のくみたて（比較文）

常用される比較の表現には介詞"比"を用いるものと、動詞"有"の打ち消しである"没有"を用いるものがあります。

他 比 我 高 一点儿。
（主）（介）（賓）（形）（数・賓）
　　　（状）
　　　　　（述）

哥哥 没有 弟弟 聪明。
（主）（動）（主）（述）
　　　　　（賓）
　　　（述）

§2 介詞"比"を用いた比較表現

くらべ合うものをA・Bとすると，A＋"比"＋B〜の形式で，「AはBより〜」という比較の表現がつくれます。

这 个 比 那 个 好。　これはあれよりよい。
zhèi ge bǐ nèi ge hǎo
チェイ コ ピー ネイ コ ハーオ

（"个"は略さない）

注意すべきことは，比較の結果をしめす部分は意味的に程度の差があらわれる語句でなければならず，たとえば上の例で"好"を"很好"とはいえません。

这 个 比 那 个 更 好。　これはあれよりずっとよい。
zhèi ge bǐ nèi ge gèng hǎo
チェイ コ ピー ネイ コ こん ハーオ

（日本人がまちがいやすいところ）

くらべ合うAとBは名詞や代名詞ばかりでなく，動詞や形容詞，さらには連語を置くこともできます。ただし双方が同一の品詞であるか同じくみたてでなければいけません。

我 去 比 你 去 合适。　わたしが行く方がきみが行くよ
wǒ qù bǐ nǐ qù héshì　り適している。
ウォー チュイ ピー ニー チュイ ホォーシー

A・Bはふつう同一の品詞あるいは構造であるため，双方に共通する部分について，多くはBの一部を省略することがあります。

我 的 孩子 比 他 的 大。　わたしの子どもは彼の（子ども）
wǒ de háizi bǐ tā de dà　より大きい。
ウォー タ ハイツ ピー ター タ ター

上の例では"他的"の後に"孩子"が略されています。なお，"他的"を"他"だけにすると比較する対象が「彼の子ども」でなく，「彼」になってしまいます。

A・Bのうち，Aが省略されることもあります。たとえば同一の事物についてことなった時点における比較をする場合です。

他 比 以前 高 了。　彼は〔いまは〕以前より背が高くなった。
tā bǐ yǐqián gāo le
ター ピー イーチィエン カオ ラ

比較の表現の打ち消しは，副詞"不"を介詞"比"の前に置きます。

他 不 比 我 高。　彼は私より背が高くない。──→少し低い；
tā bù bǐ wǒ gāo　同じくらいの背たけである。
ター ブゥー ピー ウォー カオ

§3 "没有"を用いた比較表現

A＋"没有"＋B～の形式で，Aが比較の基準であるBの程度に達していないことをあらわします。Bの後に"这么"や"那么"などを置くこともあります。

他 没 有 我 高。　　彼はわたしほど背が高くない。
tā méi yǒu wǒ gāo
ター メイ ヨウ ウォー カオ

今天 没 有 昨天 那么 冷。　　きょうはきのうほど（あのように）寒くない。
jīntiān méi yǒu zuótiān nàme lěng
チンティエン メイ ヨウ ツゥオティエン ナーモ ロン

§4 介詞"跟"を用いた比較表現

比較の結果として，類似・異同などをしめす表現に"跟"にみちびかれた介詞連語を用いる形式があります。書きことばでは"和"も使われます。

我 的 意见 跟 你 一样。　　わたしの意見はあなたと同じです。
wǒ de yìjiàn gēn nǐ yíyàng
ウォー タ イーチエン ケン ニー イーヤん

我 去 跟 你 去 一样。　　わたしが行こうと，君が行こうと同じだ。
wǒ qù gēn nǐ qù yíyàng
ウォー チュイ ケン ニー チュイ イーヤん

他 说 的 和 你 说 的 不 一样。　　彼の言うことと君の言うことは同じでない。
tā shuō de hé nǐ shuō de bù yíyàng
ター シゥオ タ ホォー ニー シゥオ タ ブー イーヤん

"跟～一样"は後に形容詞などを置いて，その状語となることもあります。

这 个 跟 那 个 一样 贵。　　これはあれと同じくらい値が高い。
zhèi ge gēn nèi ge yíyàng guì
チェイ コ ケン ネイ コ イーヤん クゥエ

"跟/和～一样"で「～と同じ」の意

§5 介詞"比"を用いた慣用句

一 天 比 一 天　日まし に
yì tiān bǐ yì tiān
イー ティエン ビー イー ティエン

一 年 比 一 年　年ごと に
yì nián bǐ yì nián
イー ニィエン ビー イー ニィエン

■ 練 習 問 題 21 ■

1 日本語に訳しなさい。

(1) 天气一天比一天冷。　　(2) 我的大衣比他的贵。

(3) 弟弟跟哥哥一样聪明。

2 中国語に訳しなさい。

(1) 君たちが行く方がわたしたちが行くよりずっとよい。
(2) けさはきのうの晩ほど暑くない。
(3) ここはあそこより便利だ。

> 注　朝：早上　　　晩：晚上
> 　　　zǎoshang　　　wǎnshang
> 　　　ツァオシァん　　ワーンシァん

3 彼の身長が160cm，わたしの身長が163cmとして，次のそれぞれの表現が正しければ○，誤りであれば×をつけなさい。

(1) 他没有我高。　　　　(2) 他比我矮。

(3) 我不比他高。　　　　(4) 他比我高一点儿。

> 注　矮：背が低い
> 　　　ǎi
> 　　　アーイ

4 次の語句について"一"の声調により3つの組に分けなさい。

(1) 一年　　(2) 一天　　(3) 一样　　(4) 一点儿

(5) 一个人　(6) 第一节课

解答⇨154ページ

第22課 オートバイに乗って行きたい

中文	ピンイン	カナ	日本語訳
我 去 机场 接 朋友。	wǒ qù jīchǎng jiē péngyou	ウォー チュイ チーチャん チィエ ポんヨウ	わたしは空港へ友人を迎えに行きます。
我 想 骑 摩托车 去。	wǒ xiǎng qí mótuōchē qù	ウォー シィアん チー モォトゥオチョー チュイ	わたしはオートバイに乗って行きたい。
我 要 买 瓶 汽水 喝。	wǒ yào mǎi píng qìshuǐ hē	ウォー ヤオ マーイ ピん チーシゥイ ホォー	わたしはサイダーを1本買って飲みたい。
今天 有 可能 下 阵雨。	jīntiān yǒu kěnéng xià zhènyǔ	チンティエン ヨウ コォーノん シィア チェンユィ	きょうはにわか雨が降る可能性がある。
我 没 有 小说 借给 你。	wǒ méi yǒu xiǎoshuō jiègěi nǐ	ウォー メイ ヨウ シィアオシゥオ チィエケイ ニー	あなたに貸してあげる小説はありません。

※「骑」→ またがって乗る場合が"骑"
※「买○瓶」→ "一"の省略あり

§1 文のくみたて

中国語には1つの主語に2つ以上の述語をならべる文が少なくありません。動詞や形容詞、さらに動賓連語や動補連語といった述語性の成分が2つ以上ならんだ連語を連述連語といいます。

我 去 机场 接 朋友。
(主)(動)(賓)(動)(賓)
   (述)   (述)
   (述・連述連語)

我 要 买 瓶 汽水 喝。
(主)(助動)(動賓連語)(動)
         (動・連述連語)
             (述)

§2 連述連語のいろいろ

もっとも簡単な連述連語は、はだかのままの動詞が2つならぶものですが、第1の述語は"来"か"去"にかぎられます。

我　去　玩儿。　　　　わたしは遊びに行きます；
wǒ　qù　wánr　　　　わたしは行って遊びます。
ウォー　チュイ　ワル

第1の述語が動賓連語であるか、2つの述語とも動賓連語である例はもっとも多く用いられます。

我　看了　电视　睡觉。　　わたしはテレビを見て（から）寝る。
wǒ　kànle　diànshì　shuìjiào
ウォー　カンラ　ティエンシー　シュイチィアオ

第1の述語と第2の述語が意味上どんな関係をもっているか、代表的なタイプをいくつかあげてみましょう。

<u>方式・状況＋動作・行為の関係。</u>　→多用するタイプを覚えておく！

我　骑　自行车　去。　　わたしは自転車に乗って行く。
wǒ　qí　zìxíngchē　qù
ウォー　チー　ツーシンチョー　チュイ

<u>動作・行為＋目的の関係。</u>

我　去　机场　接　朋友。　わたしは空港へ友人を迎えに行く。
wǒ　qù　jīchǎng　jiē　péngyou
ウォー　チュイ　チーチャん　チィエ　ポンヨウ

<u>動作・行為の前後関係。</u>

我　买　瓶　汽水　喝。　わたしはサイダーを1本買って飲む。
wǒ　mǎi　píng　qìshuǐ　hē
ウォー　マーイ　ピん　チーシュイ　ホォー

<u>動作・行為の因果関係。</u>

他　得　病　不　能　来。　彼は病気にかかって来られません。
tā　dé　bìng　bù　néng　lái
ター　トォー　ピん　ブゥー　ノん　ライ

2つの述語の意味的な関係は多種多様ですが、これを判別するための外形的な標識はとぼしく、一般的には文脈からたどることになります。

§3 第1の述語に動詞"有"を用いる場合

第1の述語における動賓連語に動詞"有"を用いた連述連語には、いくつかのタイプがあります。

まず"有"の賓語に抽象名詞を置く場合。第一の述語が助動詞に似た意味をあらわすことが少なくありません。

今天　有　可能　下　雨。　　きょうは雨が降るかも知れない。
jīntiān yǒu kěnéng xià yǔ　　〔"会下雨"と言いかえられる〕
チンティエン ヨウ コォーんン シィア ユィ

→可能性をあらわす助動詞

"有"の賓語が意味上、第2の述語における動詞の受け手になる場合。

我　没　有　小说　借给　你。　　あなたに貸してあげる小説はありません。
wǒ méi yǒu xiǎoshuō jiègěi nǐ
ウォー メイ ヨウ シィアオシゥオ チィエケイ ニー

这儿　有　饭　吃。　　ここには（食べる）ごはんがあります。
zhèr yǒu fàn chī
チョール ヨーウ ファン チー

「食べるためのごはん」の意で、英語ならto eatとなるところ

"有"を用いた第1の述語が条件や原因をあらわす場合。

我　有　事　不　能　来。　　わたしは用事があって来られません。
wǒ yǒu shì bù néng lái
ウォー ヨーウ シー ブゥー ノん ライ

§4 動詞"借"の使い方

"借"は「貸す」にも「借りる」にも使えるので、次の例は双方の訳が可能になります。

他　借　我　一　本　书。　　①彼はわたしに1冊の本を貸す。
tā jiè wǒ yì běn shū　　②彼はわたしに1冊の本を借りる。
ター チィエ ウォー イー ペン シゥー

両者を区別して表現するには次のように書きかえることができます。

他　借给　我〜。　彼はわたしに〜を貸す。
tā jiègěi wǒ
ター チィエケイ ウォー

〜に貸す

他　跟　我　借〜。　彼はわたしに〜を借りる。
tā gēn wǒ jiè
ター ケン ウォー チィエ

〜に借りる

■ 練 習 問 題 22 ■

1 日本語に訳しなさい。

(1) 我看了报睡觉。　　(2) 他去火车站接朋友。

(3) 我想买瓶啤酒喝。

2 中国語に訳しなさい。

(1) （わたしは）彼に貸してあげるお金はありません。
(2) わたしは小説を1冊買って読みたい。
(3) きょうは大風が吹く可能性があります。

注　大風：　大风　　吹く：刮
　　　　　　dàfēng　　　　guā
　　　　　　ターフォん　　　クワ

3 動詞 "去" を使って中国語に訳しなさい。

(1) 中国に行く　　(2) 遊びに行く　　(3) 自転車で行く
(4) ひとりで行く

4 次のそれぞれの語について2音節とも同じ声調のものをえらび出しなさい。

(1) 电视　　(2) 今天　　(3) 朋友　　(4) 睡觉

(5) 小说　　(6) 阵雨

解答⇨154ページ

第23課 彼をふんがいさせた

请 您 明天 来 参加 大会。 qǐng nín míngtiān lái cānjiā dàhuì チん ニン みんティエン ライ ツァンチァ ターホエ	どうかあした大会に参加しにおいでください。
我 派 他 到 国外 去 工作 了。 wǒ pài tā dào guówài qù gōngzuò le ウォー パイ ター タオ クゥオワイ チュイコゥんツゥオ ラ	わたしは彼を外国へ仕事をしに派遣した。
我 叫 他 上街 买 东西。 wǒ jiào tā shàng jiē mǎi dōngxi ウォーチアオ ター シャん チェ マーイ トゥんシ	わたしは彼に町へ行って買物をさせる。
让 我们 一块儿 去 旅游 吧。 ràng wǒmen yíkuàir qù lǚyóu ba らん ウォーメン イーコゥル チュイ リュイユウ パ 実際の発音はyíkuàr	わたしたち，いっしょに観光に行きましょう。(§6)
这 句 话 使 他 生气。 zhèi jù huà shǐ tā shēng qì チェイ チュイ ホワ シー ター ショん チー	このことばは彼をふんがいさせた。

§1 文のくみたて（兼語文）

　連述連語のなかで，第1の述語となる動賓連語の賓語が意味上第2の述語における動詞の送り手（行為者）である場合，第1の賓語が第2の述語の主語にもあたるため，2つの機能を兼ねそなえた成分を有する「兼語文」と呼びます。

我 派 他 到 国外 去 ～。
(主)(動)(賓)(介)(賓)(動)
　　　　(述)
　　(主)　　　(述)

§2 兼語連語

1つの主語に対して2つ以上の述語がつづく連述連語は，第1の述語に動賓連語を用いる例が少なくありません。その動賓連語における賓語と第2の述語における動詞との意味的な関係も多種多様です。

我	买	个	西瓜	吃。	わたしはスイカを1つ買って食べる。
wǒ	mǎi	ge	xīgua	chī	
ウォー	マーイ	コ	シークワ	チー	

→日本字の「瓜」とはちがう

上の例では賓語"西瓜"が意味上第2の述語の受け手になります。
第1の述語における賓語が，意味上第2の述語における動詞の主語（送り手）の関係になる場合には兼語連語と名づけ，このくみたてを兼語文といいます。

我	请	他	来	一	趟。	わたしは彼に1度来るようお願いする。
wǒ	qǐng	tā	lái	yí	tàng	→わたしは彼を1度招く。
ウォー	チん	ター	ライ	イー	タん	

→前からみれば賓語、後からみれば主語で二役の兼語

この例は，いわば"我请他"（わたしは彼にお願いする）と"他来一趟"（彼は1度来る）という2つの文が合体したものと言えます。
中国語では使役の表現に兼語文のくみたてが用いられます。

§3 使役の表現

使役の表現に用いられる動詞でもっとも多く使われるのは"叫"（命じる──させる），"让"（容認する──させる），"使"（ある結果・状態にする）の3語です。"使"は一般に書きことばで用いられます。

我	叫	他	打扫	屋子。	わたしは彼に部屋を掃除させる。
wǒ	jiào	tā	dǎsǎo	wūzi	
ウォー	チアオ	ター	ターサオ	ウーツ	

他	不	让	我	回	家。	彼はわたしを帰宅させない。
tā	bú	ràng	wǒ	huí	jiā	
ター	ブー	らん	ウォー	ホエ	チィア	

这	件	事	使	我	高兴。	このことはわたしをよろこばせた。
zhèi	jiàn	shì	shǐ	wǒ	gāoxìng	
チェイ	チィエン	シー	シー	ウォー	カオシん	

動作や行為をさせることではなくある結果や状態にすること！

§4　受け身と使役

"叫"と"让"は受け身の介詞としても使役の動詞としても使いますが、そのためにこれらの賓語が人をあらわすものである場合、いずれの意味であるか区別しにくいことがあります。

我　叫　他　打　了。
wǒ　jiào　tā　dǎ　le
ウォー　チィアオ　ター　ター　ラ

①わたしは彼になぐられた。
②わたしは彼になぐらせた。

しかし、一般的には前後の文脈によって意味を判断できます。

§5　使役の意味をもつ動詞

使役の表現に使う動詞は少なくありません。

我　派　他　到　中国　去。
wǒ　pài　tā　dào　zhōngguó　qù
ウォー　パイ　ター　タオ　チュンクゥオ　チュイ

わたしは彼を中国へ派遣する。

他　吩咐　我　早　一点儿　回来。
tā　fēnfu　wǒ　zǎo　yìdiǎnr　huílai
ター　フェンフ　ウォー　ツァオ　イーティアル　ホエライ

彼はわたしが早めに帰って来るようにいいつける。

すこし早く帰る→早目に帰る

我们　求　他　帮　忙。
wǒmen　qiú　tā　bāng　máng
ウォーメン　チィウ　ター　パン　マン

わたしたちは彼に手伝うようにたのむ。

§6　願望・決意をあらわす"让"の使い方

使役の動詞"让"の賓語に第1人称の代名詞を置く場合、自分の願望や決意をあらわすことがあります。

让　我们　一块儿　走。
ràng　wǒmen　yíkuàir　zǒu
ラん　ウォーメン　イーコッル　ツォウ

われわれをいっしょに行かせなさい。
──→われわれはいっしょに出かけよう。

■ 練 習 問 題 23 ■

① 日本語に訳しなさい。

(1) 他不让我回去。　　　(2) 让我好好儿想想。

(3) 我想请他来参加大会。

② 中国語に訳しなさい。

(1) このことばは彼をとてもよろこばせた。
(2) わたしは彼女に部屋をかたづけさせます。
(3) わたしは彼をドイツへ派遣する。

> 注　ドイツ：德国
> 　　　　　déguó
> 　　　　　トォークゥオ

③ 兼語連語をえらび出しなさい。

(1) 求他帮忙　　(2) 有房子住　　(3) 没东西吃

(4) 吩咐他去

④ 次のそれぞれの語から，接尾語"儿"が付加したために発音がローマ字つづりとことなるものをえらびなさい。

(1) 画儿　　(2) 那儿　　(3) 玩儿　　(4) 好好儿

(5) 一点儿　　(6) 一块儿

解答⇨154ページ

第24課 李白という詩人がいた

中文	ピンイン	カナ	和訳
这次我们选他当代表。	zhèi cì wǒmen xuǎn tā dāng dàibiǎo	チェイ ツー ウォーメン シュアン ター タん タイピィアウ	今回われわれは彼をえらんで代表とした。
我们佩服他能干。	wǒmen pèifu tā nénggàn	ウォーメン ペイフゥ ター ノんカン	われわれは彼が有能であることに敬服する。
大家骂他是酒鬼。	dàjiā mà tā shì jiǔguǐ	ターチィア マー ター シ チィウクゥエ	みんなは彼をのんべえとののしる。
古代有个诗人叫李白。	gǔdài yǒu ge shīrén jiào lǐ bái	クゥタイ ヨーウ コ シーレン チィアオ リー パイ	昔、李白という詩人がいた。
我送你一枝笔用。	wǒ sòng nǐ yì zhī bǐ yòng	ウォー ソん ニー イー チー ピー ヨん	わたしはあなたに筆を1本プレゼントして使わせてあげよう。

↑二重賓語

§1 文のくみたて（兼語文）

前課で学んだ兼語文は使役の表現以外にも見られます。

古代　有　个　诗人　叫　李白。　我　送　你　一　枝　笔　用。
(主) (動)　(賓)　(動)(賓)　(主)(動)(賓)　　(賓)　　(動)
　　　　(述)　　　　　　　　　(述・二重賓語)
　　(主)　　(述)　　　　(主)　　　　　　(述)

§2 使役表現以外の兼語文

動詞自体に使役の意味がなくても，文脈から使役の意味になる例もあります。

我们 通知 他 马上 来。
wǒmen tōngzhī tā mǎshàng lái
ウォーメン トゥんチー ター マーシャン ライ

われわれは彼にすぐ来るように通知する。

他 不许 我们 发表 意见。
tā bùxǔ wǒmen fābiǎo yìjiàn
ター プーシュイ ウォーメン ファービィアウ イーチィエン

彼はわれわれに意見の発表を許さない。

第1の述語における動詞が賞賛あるいは非難をあらわす場合も兼語文のくみたてになります。

大家 称赞 他 勇敢。
dàjiā chēngzàn tā yǒnggǎn
ターチィア チょんツァン ター ヨんカーン

みんなは彼が勇敢であるのをたたえる。

他 怪 我 多 管 闲事。
tā guài wǒ duō guǎn xiánshì
ター クゥイ ウォー トゥオ クゥン シィエンシー

彼はわたしがおせっかいなのを非難する。

この類は第2の述語が第1の述語における賓語を説明する形式となり，賞賛あるいは非難の原因をしめします。第2の述語に形容詞が多く用いられるのも特徴です。

§3 第1の動詞に"有"を用いる兼語文

第1の述語となる動賓連語で人や事物の存在をのべ，ついで第2の述語でその説明を追加する形式になります。

这儿 有 个 人 叫 李 健。
zhèr yǒu ge rén jiào lǐ jiàn
チョール ヨーウ コ レン チィアオ リー チィエン

ここに李健という人がいます。

今天 没 有 人 去 买 东西。
jīntiān méi yǒu rén qù mǎi dōngxi
チンティエン メイ ヨウ レン チュイ マーイ トゥんシ

きょうは買物に行く人はいません。

第1の賓語には，"人"をのぞき，ふつう不定量をあらわす数量詞を置きます。

§4　第1の動詞に"给"を用いる兼語文

　第1の述語における動詞に"给"を使う兼語文にはいくつかの形式があります。ここではそのうちの1つについて，くみたてを見てみましょう。

你	给	我	一	杯	水	喝。
nǐ	gěi	wǒ	yì	bēi	shuǐ	hē
ニー	ケイ	ウォー	イー	ペイ	シゥイ	ホォー

君はわたしに水を1杯飲ませてください。

他	借给	我	一	枝	笔	用。
tā	jiègěi	wǒ	yì	zhī	bǐ	yòng
ター	チィエケイ	ウォー	イー	チー	ピー	ヨん

→ペンでも鉛筆でもよい

彼はわたしに筆を1本貸して使わせてくれる。

　上の2例は第1の述語が二重賓語をもつ動賓述語で，"给"につづく間接賓語は第2の述語における動詞に対し，意味上その送り手となり，直接賓語は動作の受け手あるいは道具などをしめします。第1の動詞には"给"のほか，授与の意味をもつ動詞も使われ（課文の最後の例），後者の場合には結果補語として"给"を加えることも少なくありません。

"给"の後につづく2つの賓語がそれぞれ後の動詞と意味的な関係をむすびます

§5　兼語文とまぎらわしい文のくみたて

　主述連語を賓語とする文は兼語文とまぎらわしく感じられますが，文のくみたてがことなります。

我	希望	他	来。
wǒ	xīwàng	tā	lái
ウォー	シーワん	ター	ライ

わたしは彼が来るよう希望します。

我	请	他	来。
wǒ	qǐng	tā	lái
ウォー	チん	ター	ライ

わたしは彼に来るようお願いする。

　前の例は主述連語"他来"を動詞"希望"の賓語とするもので，文の切れ目が動詞の後に置かれるのに対し，後の例は兼語文で，第1の述語における動賓連語"请他"の結合が固く，文の切れ目は賓語"他"の後に置かれます。

■練習問題 24■

1. **日本語に訳しなさい。**

    (1) 这儿没有人喜欢他。　　(2) 我借给你一本书看。

    (3) 请给我一杯水喝。

2. **中国語に訳しなさい。**

    (1) 彼はわたしをくいしんぼとののしる。
    (2) きょう，みんなは彼を代表にえらんだ。
    (3) 中国に老舎という文学者がいます。

    > 注　くいしんぼ：馋鬼　　老舎：作家の名　文学者：文学家
    > 　　　chánguǐ　　　　lǎoshě　　　　　　wénxuéjiā
    > 　　　チャンクゥエ　　ラオショー　　　　　ウェンシュエチア

3. **兼語文のくみたてになっているものをえらび出しなさい。**

    (1) 我请他来　　(2) 我希望他来　　(3) 我不愿意他来

    (4) 我通知他马上来

4. **次のそれぞれの語句から第3声の声調変化が起こるものをえらび出しなさい。**

    (1) 给你　　(2) 管闲事　　(3) 古代　　(4) 酒鬼

    (5) 马上　　(6) 勇敢

解答⇨154ページ

第25課 彼は講堂に入って来た

他 从 山上 跑下去 了。	彼は山の上からかけおりて行った。
tā cóng shānshàng pǎoxiàqu le	
ター ツォん シャンシャん パオシァチュイ ラ	
她 把 孩子 从 幼儿园 接回来。	彼女は子どもを幼稚園から（迎えて）つれ帰る。
tā bǎ háizi cóng yòu'éryuán jiēhuílai	
ター パー ハイツ ツォん ヨウアルユアン チエホエライ	
我 想起来 他 叫 什么 名字 了。	彼がなんという名か思い出した。
wǒ xiǎngqǐlai tā jiào shénme míngzi le	
ウォー シァんチーライ ター チアオ シェンマ みんツ ラ	
他 拿出 一 张 名片 来 了。	彼は名刺を1枚取り出した。
tā náchū yì zhāng míngpiàn lái le	
ター ナーチゥ イー チャん みんピェン ライ ラ	
他 进 礼堂 来 了。	彼は講堂に入って来た。
tā jìn lǐtáng lái le	
ター チン リータん ライ ラ	

賓語がわりこんだ形になる

§1 文のくみたて

方向補語をともなった動詞に対して賓語が加わると補語が分離します。

他 拿出 一 张 名片 来 了。　他 进 礼堂 来 了。
(主)(動)　　(賓)　　(動)(助)　(主)(動)(賓)(動)(助)
　　(述・動賓連語)　　　　　　　(述・動賓連語)
　　　(連述連語)　　　　　　　　(連述述語)
　　　　(述)　　　　　　　　　　　(述)

§2　複合方向補語

　動詞の後に置く補語のうち，動作・行為のすう勢や方向をあらわすものを方向補語といいますが，それらは単純方向補語と複合方向補語の2つに分かれます。前者はいわゆる方向動詞と"来""去"などのいずれも1音節語，後者は方向動詞にそれぞれ"来"あるいは"去"を加えた2音節語です。

	进 jìn	出 chū	上 shàng	下 xià	回 huí	过 guò	起 qǐ	开 kāi
来 lái	进来	出来	上来	下来	回来	过来	起来	开来
去 qù	进去	出去	上去	下去	回去	过去	——	——

　複合方向補語は他の動詞の後に置いて補語とするほか，"开来"をのぞいて，単用することもできます。なお，"起去"と"开去"はあまり用いられません。方向補語をもつ動補連語は，ひとつの動詞のように一体化して用いられます。

她　也　爬上去过。　　　彼女も登って行ったことがあります。
tā　yě　páshàngquguo
ター　イエー　パーシャンチュイクゥオ

§3　方向補語と賓語

　<u>方向補語をもつ動補連語が賓語をとる場合，場所をあらわす賓語は"来""去"の後に置くことができません。</u>

× 进来 礼堂 ⟶ ○ 进 礼堂 来　　講堂に入って来る
　　　　　　　　　jìn　lǐtáng　lái
　　　　　　　　　チン　リータん　ライ

× 走进来 教室 ⟶ ○ 走进 教室 来　教室に歩いて
　　　　　　　　　　zǒujìn　jiàoshì　lái　入って来る
　　　　　　　　　　ツォウチン　チァオシー　ライ

　これに対し，<u>一般の賓語は"来"や"去"の後にも置けるほか，動詞が他動詞であれば，その後にも置けます。</u>

拿来　一　本　书　＝　拿　一　本　书　来　　本を1冊持っ
nálái　yì　běn　shū　　　ná　yì　běn　shū　lái　て来る
ナーライ　イー　ペン　シュー　　ナー　イー　ペン　シュー　ライ

§4　複合方向補語と一般の賓語

複合方向補語の場合，一般の賓語を置く位置が3つあります。

拿 一 本 书 出来　　1冊の本を取り出す
ná yì běn shū chūlái

拿出 一 本 书 来　　1冊の本を取り出す
náchū yì běn shū lái

拿出来 一 本 书　　1冊の本を取り出す
náchūlai yì běn shū

いずれを用いるかは文脈によって決まりますが，第2例のように複合方向補語が分離して，その中間に賓語を置くものが一般的です。

§5　方向補語の派生義

方向補語は単純・複合のいずれの形式でも，字面上の意味（本義）のほか，抽象的な派生義をあらわすものが少なくありません。とくに，非動作動詞の補語となるときは派生義になるのが一般的です。"起来"について見てみましょう。

他们 都 站起来 了。　　彼らはみな立ち上がった。（本義・下→上）
tāmen dōu zhànqǐlai le

她 把 东西 收拾起来。　　彼女は荷物を片づける。（分散→集中）
tā bǎ dōngxi shōushiqǐlai

看起来 她 很 年轻。　　見たところ，彼女は年が若い。（着眼点）
kànqǐlai tā hěn niánqīng

派生義には，その意味が空間から時間にうつり，動作態をしめす例もあります。

大家 唱起 歌 来 了。　　みんなは歌をうたいだした。（開始）
dàjiā chàngqǐ gē lái le

■ 練 習 問 題 25 ■

1 日本語に訳しなさい。

(1) 看起来他很勇敢。　　(2) 他从这儿爬上去了。

(3) 他把书都带回来了。

2 中国語に訳しなさい。

(1) みんな団結しなければいけない。
(2) 彼は教室へ走って入って来ました。
(3) 彼女は1枚の写真を取り出しました。

> 注　団結する：团结　　　写真：相片　　　＝相片儿
> 　　　　　　tuánjié　　　　　xiàngpiàn　　　xiàngpiānr
> 　　　　　　トゥアンチィエ　シィアンピィエン　シィアンピィアル

3 次のそれぞれの句について語順に誤りがあれば書きあらためなさい。

(1) 唱歌起来　　(2) 收拾起来　　(3) 爬上去树

(4) 走出来屋子　　(5) 走进来一个人

4 次のそれぞれの語句から，母音の -ian を含むものをえらび出しなさい。

(1) 礼堂　　(2) 名片　　(3) 名字　　(4) 年轻

(5) 想起来　　(6) 幼儿园

解答⇨154ページ

第26課 そんなに大勢の人は坐れない

这里 坐不下 那么 多 人。 zhèli zuòbuxià nàme duō rén チョーリ ツゥオプシィア ナーモ トゥオ レン	ここにはそんなに大勢の人は坐れません。
我 吃不了 一 碗 饭。 wǒ chībuliǎo yì wǎn fàn ウォー チープリィアオ イー ワン ファン	わたしは一ぜんのごはんが食べきれない。
这 种 鱼 吃不得。 zhèi zhǒng yú chībude チェイ チゥん ユィ チープト	この種類の魚は食べられません。
你 看得清楚 还是 看不清楚？ nǐ kàndeqīngchu háishi kànbuqīngchu ニー カントチんチゥ ハイシ カンプチんチゥ	あなたははっきり見えますか，それともはっきり見えませんか？
她 想不出 好 办法 来。 tā xiǎngbuchū hǎo bànfa lái ター シィアんプチゥー ハオ パンファ ライ	彼女はよい方法を思いつくことができない。

※ 発音が le ではないことに注意！（吃不了）

§1 文のくみたて

複合方向補語を含む可能補語に賓語を加えると，分離する例が少なくありません。

```
这里   坐不下   那么  多  人。      她   想不出   好  办法  来。
(主)    (動)    (状) (定) (中)      (主)   (動)   (定) (中) (動)
                     (賓)                       (賓)
              (述)                        (述・動賓連語)
                                        (述・連述連語)
```

§2 結果補語, 方向補語と可能補語の関係

(手書き注: "結果補語, 方向補語" → 軽声になる)

結果補語あるいは方向補語をもつ動詞連語は，その多くが動詞と補語の中間に"得"を加えて可能，"不"を加えて不可能をあらわす可能補語をつくります。

結果補語をもつ動補連語からの例:

原　　形	可　能　形	不　可　能　形
站住　立ち止まる zhànzhù チャンチゥ	站得住　しっかり立てる zhàndezhù チャントチゥ	站不住　しっかり立てない zhànbuzhù チャンプチゥ
看清楚　はっきり見る kànqīngchu カンチんチゥ	看得清楚　はっきり見える kàndeqīngchu カントチんチゥ	看不清楚　はっきり見えない kànbuqīngchu カンプチんチゥ

方向補語をもつ動補連語からの例:

原　　形	可　能　形	不　可　能　形
坐下　すわる zuòxià ツゥオシィア	坐得下　すわれる（空間的に余裕がある） zuòdexià ツゥオトシィア	坐不下　すわれない（空間的に余裕がない） zuòbuxià ツゥオプシィア
说出来　口に出して言う shuōchūlái シゥオチゥーライ	说得出来　口に出して言える shuōdechūlái シゥオトチゥーライ	说不出来　口に出して言えない shuōbuchūlái シゥオプチゥーライ

もともと軽声の結果補語や方向補語でも可能補語では本来の声調になります。

原　　形	可　能　形	不　可　能　形
看见　目に入る kànjian カンチィエン	看得见　見える（目にうつる） kàndejiàn カントチィエン	看不见　見えない（目にうつらない） kànbujiàn カンプチィエン

なかには原形の存在しないものもあります。

原　　形	可　能　形	不　可　能　形
×　对起	对得起　申しわけがたつ duìdeqǐ トゥエトチー	对不起　申しわけがたたない；すみません duìbuqǐ トゥエプチー

動詞が2音節の場合には反語表現などをのぞき，可能形（肯定形）は使われません。

§3　その他の可能補語

可能補語をもつ動補連語には，ほかに2つの形式があります。そのひとつは，動詞の後に可能であれば"得"，不可能であれば"不得"を加えるものです。

吃得	食べられる（食べてさしつかえない）	吃不得	食べられない（食べてはいけない）
chīde		chībude	
チート		チーブト	

この形式は，動詞が可能形は1音節にかぎられ，不可能形は制約がありません。他のひとつは，動詞の後に可能であれば"得了"，不可能であれば"不了"を加えるものです。"了" liǎo にはもともと完成・完結の意味があるため，「〜しきれる；〜しきれない」の意味をあらわしますが，さらに多くは，それが実現し得るかどうかを推測する意味をあらわします。

吃得了	食べきれる	吃不了	食べきれない
chīdeliǎo		chībuliǎo	
チートリィアオ		チーブリィアオ	

去得了	行ける（はずである）	去不了	行けるわけがない
qùdeliǎo		qùbuliǎo	
チュイトリィアオ		チュイブリィアオ	

この形式は形容詞の後にもあらわれます。

好得了	よくなるはずである	好不了	よくなるわけがない
hǎodeliǎo		hǎobuliǎo	
ハオトリィアオ		ハオブリィアオ	

§4　可能補語と助動詞の関係

可能の表現は助動詞によってもできますから，ふつう可能形は"能"，不可能形は"不能"に動詞をつづける形式に言いかえられます（ただし"〜得，〜不得"はそれぞれ"可以""不可以"にあらためる）。ただし可能補語を用いれば，どうして，あるいはどのように可能（不可能）なのか，具体的に表現できます。

吃不下　　　（空間的余裕がない──→おなかが一杯なので）食べられない
chībuxià
チーブシィア

吃不起　　　（お金がなくて）食べられない
chībuqǐ
チーブチー

■練習問題 26■

①　日本語に訳しなさい。

(1)　一个人也看不见。　　(2)　这种东西吃不得。

(3)　我吃不了这么多菜。

②　中国語に訳しなさい。

(1)　人が多くて坐れません。
(2)　われわれはみんなよい方法を思いつかない。
(3)　わたしたちはみんな疲れて，もう立っていられなくなった。

③　それぞれの動詞を使い，可能補語の形式に訳しなさい。

(1)　"吃"
　　a．満腹で食べられない　　b．お金がなくて食べられない

(2)　"说"
　　a．言いつくせない　　b．言い出せない

④　次のそれぞれの語句から，軽声の音節を２つ以上含むものをえらび出しなさい。

(1)　吃不得　　(2)　对不起　　(3)　来不了　　(4)　不来了

(5)　看得见　　(6)　看不清楚

解答⇨154ページ

第27課 彼は起きるのが早いですか？

她 tā ター	打扮得 dǎbànde ターパント	特別 tèbié トォーピィエ	漂亮。 piàoliang ピィアウリィあん	彼女の装い方はとくにきれいだ。
她 tā ター	跳 舞 tiào wǔ ティアオ ウー	跳得 tiàode ティアオト	很 好。 hěn hǎo ヘン ハオ	彼女（がおどりをおどる，そ）のおどり方はとても上手だ。
他 tā ター	汉语 hànyǔ ハンユィ	说得 shuōde シゥオト	不大 流利。 búdà liúlì プゥーター リィウリー	彼は中国語の話し方があまり流ちょうでない。
我 wǒ ウォー	笑得 xiàode シィアオト	肚子 dùzi トゥーツ	都 疼 了。 dōu téng le トウ トん ラ	わたしは笑って，おなかさえ痛くなった。
他 tā ター	起得 qǐde チート	早 不 早？ zǎo bù zǎo ツァオ プゥ ツァオ		彼は起きるのが早いですか？

（手書き注：肯定＋否定の疑問文）

§1 文のくみたて

　動補連語のなかには動詞の後に補語を直接置かないものもあります。両者のむすびつきはゆるく，動詞（あるいは形容詞）の後に"得"が加わります。補語は状態・程度をあらわすもので状態補語（あるいは程度補語）と呼ばれます。

她	跳	舞	跳得	很	好。	他	起得	早 不 早？
(主)	(動)	(賓)	(動)	(状)	(中)	(主)	(動)	(補・並列連語)
	(述)			(補)			(述)	
	(主)			(述)				

§2 状態補語

動詞あるいは形容詞の後に置かれて、その動作・行為あるいは性質がどんな状態に達しているか、どのくらいの程度であるかをのべる補語を状態補語といいます。程度補語と呼ぶ人も少なくありません。

動詞または形容詞の後に"得"を加えないと補語が置けません。状態補語には単一の形容詞、程度副詞を添えた形容詞から主述連語（文）まであります。

雨	下得	大。	雨の降り方はひどい──→雨がひどく降る；雨がひどく降った。
yǔ	xiàde	dà	
ユィ	シィアト	ター	

他	起得	很	早。	彼は起きるのがとても早い──→彼は早く起きる；彼は早く起きた。
tā	qǐde	hěn	zǎo	
ター	チート	ヘン	ツァオ	

我	笑得	肚子	都	疼	了。	わたしはおなかまで痛くなるほど笑いました。
wǒ	xiàode	dùzi	dōu	téng	le	
ウォー	シィアオト	トゥーツ	トウ	トン	ラ	

我	忙得	没	工夫	吃	饭。	わたしは忙しくてごはんを食べるひまがない──→わたしはごはんを食べるひまがないほど忙しい。
wǒ	mángde	méi	gōngfu	chī	fàn	
ウォー	マント	メイ	コゥンフ	チー	ファン	

（"没"→"没有"の略）

状態補語を用いる表現は、すでに実現していることや、恒常的に起こることに使う例が一般的です。

状態補語をとる動詞に賓語があるときは、動詞をくりかえし使うか、賓語を主語に変えます。これは補語をみちびく"得"が動詞の後置成分であるためです。

她	跳舞	跳得	很	好。	彼女（がおどりをおどる、そ）のおどり方はとても上手だ──→彼女はとても上手におどる。
tā	tiào wǔ	tiàode	hěn	hǎo	
ター	ティアオ ウー	ティアオト	ヘン	ハオ	

（動詞をくりかえしている）

他	说	汉语	说得	很	好。	彼（が中国語を話す、そ）の中国語の話し方はとても上手だ──→彼はとても上手に中国語を話す。
tā	shuō	hànyǔ	shuōde	hěn	hǎo	
ター	シゥオ	ハンユィ	シゥオト	ヘン	ハオ	

他	汉语	说得	很	好。	彼は、中国語は話すのがとても上手だ──→彼の中国語はとても上手だ。
tā	hànyǔ	shuōde	hěn	hǎo	
ター	ハンユィ	シゥオト	ヘン	ハオ	

（日本人がよくまちがえる点。（賓語の後に"得"をつけない））

§3　状態補語と可能補語

状態補語と可能補語は，ともに"得"という成分が入るので，とくにそれぞれの肯定形は字面上同じになってしまいます。

说得　‖　清楚　　　話し方がはっきりしている（状態補語）
shuōde　　qīngchu

说得清楚　　　はっきり話せる（可能補語）
shuōdeqīngchu

状態補語は動詞と補語の結合がゆるいので，補語の位置には単一の形容詞ばかりでなく，各種の連語も置けますが，可能補語は結合が固いので他の成分が加わることはありません。否定形をくらべると，この区別がよくわかります。

说得　‖　不　清楚　　　話し方がはっきりしない（状態補語）
shuōde　　bù　qīngchu

说不清楚　　　はっきり話せない（可能補語）
shuōbuqīngchu

したがって，肯定と否定をならべる疑問文はそれぞれ次のようになります。

说得　清楚　不　清楚？　　　話し方がはっきりしていますか？（状態補語）
shuōde　qīngchu　bù　qīngchu

说得清楚　说不清楚？　　　はっきり話せますか？（可能補語）
shuōdeqīngchu　shuōbuqīngchu

§4　程度副詞

すでに学んだように程度の表現にはさまざまな程度副詞が用いられます。

太　早　　（時間が）早すぎる　　　不大　早　　あまり早くない
tài　zǎo　　　　　　　　　　　　　búdà　zǎo

"不太"ともいえる

■練 習 問 題 27■

1 **日本語に訳しなさい。**

(1) 他每天来得很早。　　(2) 听得清楚听不清楚？

(3) 我忙得没工夫看报。

2 **中国語に訳しなさい。**

(1) 彼はよく勉強していますか？
(2) 英語の話し方はあまり流ちょうでない。
(3) 彼女は非常にきれいだ──→非常に美しく成長した。

> 注　成長する：长　　　　非常に：非常
> 　　　　　　　zhǎng　　　　　　　fēicháng
> 　　　　　　　チァん　　　　　　フェイチァん

3 **文法的に正しくない箇所を書きあらためなさい。**

(1) 下雨得很大。　　(2) 肚子笑得都疼了。

(3) 她跳舞得很好。

4 **次のそれぞれの語句から，有気音の音節を含まないものをえらび出しなさい。**

(1) 打扮　　(2) 肚子　　(3) 工夫　　(4) 清楚

(5) 特別　　(6) 跳舞

解答⇨155ページ

第28課 このリンゴはとてもあまい

Track 29

啊,	这	座	山	真	高	啊！	ああ、この山はほんとうに高いですね！
à	zhèi	zuò	shān	zhēn	gāo	a	
アー	チェイ	ツゥオ	シァン	チェン	カオ	ア	

(感嘆詞) ← 啊
(感嘆をしめす語気助詞) ← 啊！

这	个	苹果	甜	极了！	このリンゴはとてもあまい！
zhèi	ge	píngguǒ	tián	jíle	
チェイ	コ	ぴんクゥオ	ティエン	チーラ	

这	本	书	写得	多	有意思！	この本の書き方はなんとおもしろいのだろう！
zhèi	běn	shū	xiěde	duō	yǒuyìsi	
チェイ	ペン	シュー	シィエト	トゥオ	ヨーウイース	

(形容詞の「多い」ではない) ← 多

那	座	大楼	有	多	高？	あのビルはどのくらいの高さがありますか？
nèi	zuò	dàlóu	yǒu	duō	gāo	
ネイ	ツゥオ	ターロウ	ヨーウ	トゥオ	カオ	

东京塔	有	三百	三十三	米	高。	東京タワーは333mの高さがある。
dōngjīngtǎ	yǒu	sānbǎi	sānshisān	mǐ	gāo	
トゥんちんター	ヨーウ	サンパーイ	サンシサン	ミー	カオ	

§1 文のくみたて

感嘆文には程度副詞や程度補語を用いるほか、副詞"多（么）"も常用します。動詞"有"を使う程度表現は連述連語の一種です（第21課）。

这 本 书　写得　多　有意思！　东京塔　有　三百 三十三 米　高。
(主)　　　(動)　(状)　(中)　　　(主)　(動)　　(賓)　　　(形)
　　　　　　　　(状態補語)　　　　　　　(動賓連語)
　　　　　(述・動補連語)　　　　　　　(述・連述連語)

§2 いろいろな感嘆文

強調をあらわす程度副詞"真"や"好"は，話しことばで感嘆文をつくることが少なくありません。

真 高 啊！　ほんとうに高　　好 冷！　なんと寒いこと！
zhēn gāo a　　いなあ！　　　hǎo lěng
チェン カオ ア　　　　　　　　ハオ ロン

程度がすぎる意味の副詞"太"も文末の助詞"了"と呼応して使われます。

太 好 了！　すばらしい！　　太 吸引 人 了！　（人をひきつ
tài hǎo le　　　　　　　　　tài xīyǐn rén le　ける）魅力が
タイ ハーオ ラ　　　　　　　タイ シーイン レン ラ　あるなあ！

程度副詞のなかで，もっとも感嘆文らしい文をつくるのは誇張の語気を含む"多么"です。多くの場合，"多"と省略されます。

多么 有意思！　なんとおもし　　多 巧 啊！　（タイミングが）
duōme yǒuyìsi　ろいこと！　　　duō qiǎo a　ちょうどよかっ
トゥオモ ヨーウイース　　　　　トゥオ チアオ ア　た！

形容詞や心理動詞の後に程度補語を置く形式の感嘆文もよく使われます。程度補語とは状態補語に似ていますが，"～得很""～得慌""～极了""～死了"など，いくつかの形式にかぎられます。

饿 得慌！　おなかがぺこぺ　　累 死了！　へとへとに疲れた！
è dehuang　こだ！　　　　　lèi sǐle
オー トホゥん　　　　　　　　レイ スーラ

なお，感嘆文には文末の助詞"啊"などを加え，感嘆の語気をあらわすことが少なくありません。"啊"は前の音節の影響で発音が変化する場合があります。

§3 感嘆詞

話し手があげる感嘆のことばや，聞き手に対する呼びかけのことばなどを感嘆詞といいます。いずれも単独で使えます。

啊呀, 糟 了！　あ，しまっ　　喂, 快 来 呀！　おーい，早
āyā zāo le　　た！　　　　wèi kuài lái ya　く来いよ！
アヤー ツァオ ラ　　　　　　ウェイ コゥイ ライ ヤ

§4　程度をたずねる"多(么)"の使い方

　副詞"多(么)"は感嘆文に使うほか，後に形容詞を置いて程度をたずねる疑問文をつくります。形容詞は1音節で，プラスの方向の意味を有するもの（"大"はよいが"小"は不可など）にかぎられます。これらの前に動詞"有"を置く例も少なくありません。

那　座　山　有　多　高？
nèi　zuò　shān　yǒu　duō　gāo
ネイ　ツゥオ　シャン　ヨウ　トゥオ　カオ

あの山はどれくらいの高さがありますか？

　この種の疑問文に対する答えには動詞"有"を第1の述語とし，形容詞（プラスの方向の意味にかぎる）を第2の述語とする連述連語を使います。

这　座　桥　有　二百　米　长。
zhèi　zuò　qiáo　yǒu　èrbǎi　mǐ　cháng
チェイ　ツゥオ　チァオ　ヨウ　アルバイ　ミー　チャン

この橋は200mの長さがあります。

§5　数詞（100以上の数え方）

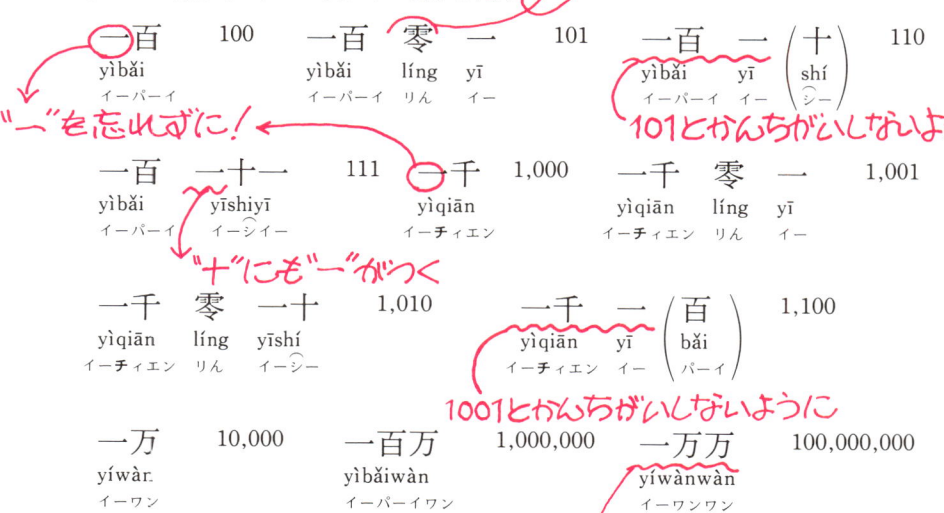

空位にはかならず入る

一百　　100　　　一百　零　一　　101　　　一百　一（十）　110
yìbǎi　　　　　　yìbǎi　líng　yī　　　　　yìbǎi　yī　shí
イーパーイ　　　イーパーイ　りん　イー　　イーパーイ　イー　シー

"一"を忘れずに！　　　　　　　　　　　　　　　　*101とかんちがいしないように*

一百　一十一　111　　　一千　　1,000　　一千　零　一　　1,001
yìbǎi　yīshiyī　　　　　yìqiān　　　　　yìqiān　líng　yī
イーパーイ　イーシーイー　　イーチィエン　　イーチィエン　りん　イー

"十"にも"一"がつく

一千　零　一十　1,010　　一千　一（百）　1,100
yìqiān　líng　yīshí　　　yìqiān　yī　bǎi
イーチィエン　りん　イーシー　イーチィエン　イー　パーイ

1001とかんちがいしないように

一万　10,000　　一百万　1,000,000　　一万万　100,000,000
yíwàn　　　　　yìbǎiwàn　　　　　　yíwànwàn
イーワン　　　　イーパーイワン　　　　イーワンワン

　"百，千，万"などは量詞に似た単位で，単用できません。100以上では"十"の前にも"一"が必要です。この場合"一"の声調変化はありません。中間の位を欠くときは"零"をおぎないます。中間の位が欠けず，下位が0であれば最後の単位を省略できます。2は"千，万"の前では量詞と同様"两"を使います。

一億。十億なら"十万万"

■ 練 習 問 題 28 ■

1 日本語に訳しなさい。

(1) 这条鱼有多重？　　　　　(2) 这小说写得多没意思！

(3) 日本的人口有一万万两千万。

注　重　：重い　　人口　：人口
　　zhòng　　　　rénkǒu
　　チュン　　　　レンコウ

2 中国語に訳しなさい。

(1) このブドウはとてもあまい！
(2) この橋は長さ2,000mです。
(3) あの人はほんとうに背が高いですね！

注　ブドウ：葡萄
　　　　　　pútao
　　　　　　プゥータオ

3 次のそれぞれの文の空欄にa～fのうちから適切な語を入れなさい。

(1)〔　〕得慌！　(2)累〔　〕了！　(3)啊呀，糟〔　〕！
(4)快来〔　〕！　(5)多巧〔　〕！　(6)太〔　〕了！

　a．啊　b．饿　c．好　d．了　e．死　f．呀

4 下線を施した箇所の声調を，第1声は1，第2声は2，第3声は3，第4声は4，軽声は0として，数字で配列順に記しなさい。

(1)二百米　(2)三十三　(3)五百个　(4)一万一千

(5)一百二十二

解答⇨155ページ

第29課 買えるだけ，買いなさい

疑問詞を活用した便利な表現法

| 你 要 多少, 就 给 你 多少。 | あなたがほしいだけ，あなたにあげます。 |
| nǐ yào duōshao, jiù gěi nǐ duōshao. | |

你 能 买 几 个, 就 买 几 个。
nǐ néng mǎi jǐ ge, jiù mǎi jǐ ge.
あなたはいくつでも買えるだけ買いなさい。

你 去 哪儿, 我 也 去 哪儿。
nǐ qù nǎr, wǒ yě qù nǎr.
どこでも，あなたの行く所へわたしも行きます。

他 开始 怎么 也 不 同意, 后来 才 答应。
tā kāishǐ zěnme yě bù tóngyì, hòulái cái dāying.

彼ははじめどうしても賛成しなかったが，後でやっと承知した。

咱们 到 哪儿 去 走走 吧。
zánmen dào nǎr qù zǒuzou ba.
わたしたちはどこかへ行ってぶらつきましょう。

§1 文のくみたて

疑問詞の非疑問用法として，前後二つの句に同一の疑問詞を置いて呼応させ，前の疑問詞は任意のものすべてをしめし，後の疑問詞はそれによって規定されるものをしめす，という文のくみたてがあります。

§2 同じ疑問詞を呼応させる用法

疑問詞を前後それぞれの句にくりかえすくみたてとなります。

谁　先　来　谁　先　吃。
shéi xiān lái shéi xiān chī
シェイ シィエン ライ シェイ シィエン チー

だれでも先に来たひとが先に食べる──→早い者勝ちに食べる。

この用法はつぎのような文から考えると，わかりやすいかも知れません。

你　先　来　你　先　吃。
nǐ xiān lái nǐ xiān chī
ニー シィエン ライ ニー シィエン チー

あなたが先に来たら，あなたが先に食べる。

前半の句を後半につなぐため副詞"就"を置くと，関係がはっきりします。

怎么　说　就　怎么　办。
zěnme shuō jiù zěnme bàn
ツェンマ シゥオ チィウ ツェンマ パン

どのように言ったら，どのようにする──→なんでも言った通りにする。

後半の句に主語がある場合，副詞"就"の位置は主語の後になります。

你　要　多少，我　就　给　你　多少。
nǐ yào duōshao wǒ jiù gěi nǐ duōshao
ニー ヤオ トゥオシァオ ウォー チィウ ケイ ニー トゥオシァオ

あなたがほしいだけ，わたしはあなたにあげます。

§3 その他の非疑問用法

疑問詞の非疑問用法でよく見る例は，そのほか副詞の"也"や"都"と呼応させ，任意のすべてを指す用法（第12課参照）と不定のものを指す用法です。

我　怎么　想　也　想不起来　了。
wǒ zěnme xiǎng yě xiǎngbuqǐlái le
ウォー ツェンマ シィアン イエー シィアンプチーライ ラ

わたしはどうしても（どう考えても）思い出せなくなってしまいました。

哪　本　书　她　都　想　看。
něi běn shū tā dōu xiǎng kàn
ネイ ベン シゥー ター トウ シィアン カン

どんな本でも彼女は読みたがる。

上の用法では，否定文で"也"，肯定文で"都"を使う傾向があります。

这　件　事　好像　谁　告诉过　我。
zhèi jiàn shì hǎoxiàng shéi gàosuguo wǒ
チェイ チィエンシー ハオシィアン シェイ カオスゥクゥオ ウォー

この事はだれかがわたしに告げたことがあるようだ。

§4 疑問数詞 "几" と "多少"

数をたずねるには "几" か "多少" のいずれかを使います。一般に "几" は, 序数の場合をのぞき, 10未満の数をたずねるのに対し, "多少" は数の制約がありません。また "几" はかならず量詞をともないますが, "多少" は量詞がつかなくてもかまいません。

たとえば, 同じように人数をたずねる文にも次の2種があります。

有 几 个 人？ （10人以下）
yǒu jǐ ge rén
ヨウ チー コ レン

有 多少 人？ （数の制約なし）
yǒu duōshao rén
ヨーウ トゥオシァオ レン

量詞がなくてもよい

那 个 孩子 几 岁 了？　あの子はいくつですか？（10歳以下）
nèi ge háizi jǐ suì le
ネイ コ ハイツ チー ソエ ラ

大人に対していったらおかしい
大人には "多大岁数 suìshù" とたずねればよい

§5 副詞 "就" と "才"

中国語の副詞には, 前の句を後の句にみちびく, 接続詞に似た機能をするものがあります。なかでも "就" と "才" はその代表的な例です。両者とも前に置かれた語句をひとつの条件として受けとめ, それによってどうなるかを後につづけますが, "就" はいわば十分条件に, "才" はいわば必要条件にはたらきます。

到了 二十 岁 就 结婚。　20歳になったら（すぐ）結婚する。
dàole èrshí suì jiù jiéhūn
タオラ アルシー ソエ チィウ チィエホェン

到了 二十 岁 才 结婚。　20歳になって（そこで）やっと結婚する──→20歳にならなければ結婚しない。
dàole èrshí suì cái jiéhūn
タオラ アルシー ソエ ツァイ チィエホェン

上の例は時間が条件となっていますが, 下の例は数量が条件になっています。

一 顿 饭 就 吃了 三 碗。　1回の食事に（もうそれで）3ぜん食べた。──→たくさん食べた。
yí dùn fàn jiù chīle sān wǎn
イー トゥン ファン チィウ チーラ サン ワーン

一 顿 饭 才 吃 半 碗。　1回の食事にやっと半ぜん食べた──→あまり食べない。
yí dùn fàn cái chī bàn wǎn
イー トゥン ファン ツァイ チー パン ワーン

練習問題 29

1. 日本語に訳しなさい。

    (1) 你今年二十几岁了？　　(2) 一天怎么也看不完。

    (3) 你要怎么样就怎么样。

    > 注　看完　：見終る
    > 　　kànwán
    > 　　カンワン

2. 中国語に訳しなさい。

    (1) なんでもあなたがほしいものを，あなたにあげます。
    (2) 12時になって，彼はやっと寝ました。
    (3) わたしたちはどこかへちょっと散歩に行きましょう。

    > 注　散歩する：散步
    > 　　　　　　　sànbù
    > 　　　　　　　サンブゥ

3. 次のそれぞれの文について文法的に正しくない箇所を書きあらためなさい。

    (1) 你们学校有多少千学生？　　(2) 你要多少就我给你多少。

    (3) 哪本书都她想看。

4. 次のそれぞれの語をローマ字つづりのＡＢＣ順にならべなさい。

    (1) 同意　　(2) 后来　　(3) 告诉　　(4) 多少

    (5) 答应　　(6) 结婚

解答⇨155ページ

第30課 水の中に入れてもとけにくい

她 虽然 老 了, 可是 还 能 打 网球。（逆接）
tā suīrán lǎo le kěshì hái néng dǎ wǎngqiú
ター ソエラン ラオ ラ コォシ ハイ ノん ター ワんチゥ
彼女は年老いたけれども，しかしまだテニスができる。

因为 老师 病 了, 所以 我 替 他 代 课。
yīnwei lǎoshī bìng le suǒyǐ wǒ tì tā dài kè
インウェイ ラーオシー ぴん ラ スゥオイー ウォー ティー ター タイ コォー
先生が病気になったので，わたしは彼にかわって代講する。（因果）

这 种 梨 不但 产量 高, 而且 味道 好。
zhèi zhǒng lí búdàn chǎnliàng gāo érqiě wèidào hǎo
チェイ チゅん リー プータン チャンリぃあん カオ アルチェ ウェイタオ ハオ
この種類のナシは，収穫量が多いばかりか，その上に味がよい。（累加）

就是 放在 水里 也 不 容易 溶化。
jiùshi fàngzài shuǐli yě bù róngyì rónghuà
チィゥシ ファンツァイ シゥイリ イエー プゥー ルんイ ルんホワ
たとえ水の中に入れてもとけにくい。（仮定兼譲歩）

要是 不 想 吃, 你 就 不用 勉强 吃。
yàoshi bù xiǎng chī nǐ jiù búyòng miǎnqiǎng chī
ヤオシ プー シィあん チー ニー チィゥ プーヨん ミィエンチィあん チー
もし食べたくなければ，むりに食べるには及びません。（仮定）

§1 文のくみたて

　文をいくつか合わせ複文を構成するには接続詞や副詞でむすびますが，文脈から意味的なつながりがわかれば，それらをまったく使わないこともあります。

§2 関連をしめす語句を用いた複文

文と文の意味的なつながりをしめすには接続詞（中国語では連詞）を使うほか，副詞を使うこともあります。

二つの文から成り立つ複文では，接続詞に前の文に用いるものと，後の文だけに用いるものの2種があります。ただし前者には後の文でも使う例があります。

因为 累 了，所以 没 去。	疲れたので，行かなかった。〔**因果**〕
yīnwei lèi le suǒyǐ méi qù	
インウェイ レイ ラ スゥオイー メイ チュイ	

不仅 省 钱，而且 省 事。	経済的であるばかりか，その上，手間もはぶける。〔**累加**〕
bùjǐn shěng qián érqiě shěng shì	
ブゥーチン ショん チィエン アルチィエ ショん シー	

虽然 便宜，但是 质量 不 好。	安いけれども，しかし質はよくない。〔**逆接**〕
suīrán piányi dànshi zhìliàng bù hǎo	
ソエラン ピィエンイ タンシ チーリィアン ブー ハオ	

以上は接続詞を使った形式ですが，以下は接続詞が副詞と呼応する形式です。

要是 下 雨，我 就 不 去。	もし雨が降ったら，わたしは行きません。〔**仮定**〕
yàoshi xià yǔ wǒ jiù bú qù	
ヤオシ シィア ユィ ウォー チィウ ブー チュイ	

只要 动 手术，病 就 能 好。	手術しさえすれば，病気は治せます。〔**必要条件**〕
zhǐyào dòng shǒushù bìng jiù néng hǎo	
チーヤオ トゥん ショウシュ ぴん チィウ ノん ハオ	

只有 动 手术，病 才 能 好。	手術してはじめて病気は治せます──→手術しなければ治せない。〔**唯一の条件**〕
zhǐyǒu dòng shǒushù bìng cái néng hǎo	
チーヨウ トゥん ショウシュ ぴん ツァイ ノん ハオ	

就是 知道，我 也 不 说。	たとえ知っていても，わたしは言いません。〔**仮定兼譲歩**〕
jiùshi zhīdao wǒ yě bù shuō	
チィウシ チータオ ウォー イエー ブゥー シゥオ	

既然 要 去，你 就 去 吧。	行かねばならない以上，君は行きなさい。〔**既定事実の提示**〕
jìrán yào qù nǐ jiù qù ba	
チーラン ヤオ チュイ ニー チィウ チュイ パ	

接続詞を用いず，副詞だけを用いる形式も少なくありません。

他	又	会	英语	又	会	汉语。	彼は英語もできるし，中国語もできる。〔並列〕
tā	yòu	huì	yīngyǔ	yòu	huì	hànyǔ	
ター	ヨウ	ホエ	インュィ	ヨウ	ホエ	ハンュィ	

风	越	刮	越	大。	風は吹けば吹くほど，ひどくなる。〔増加〕
fēng	yuè	guā	yuè	dà	
フォン	ユエ	クワ	ユエ	ター	

§3　関連をしめす語句を用いない複文

中国語では複文を構成する場合，文と文のつながりが接続詞や副詞を使わないでもわかるならば，どちらかというと使わない方が自然な表現になります。この場合は文脈や，他の語句などから意味的な関係がつかめます。

天	不	早	了，我们	走	吧。	時間が遅くなったから，われわれは帰ろう。〔因果"因为～所以～"〕
tiān	bù	zǎo	le wǒmen	zǒu	ba	
ティエン	ブー	ツァオ	ラ ウォーメン	ツォウ	パ	

接続詞などを使わないほうが話しことばでは自然に聞こえる

§4　補語の位置に置かれた介詞連語

介詞の"在、给、到"などにみちびかれる介詞連語が，動詞の前ではなく後に置かれ，補語の位置を占めることがあります。

他	躺在	床上。	彼はベッドに横になっている。〔ベッド（のところ）にいる〕
tā	tǎngzài	chuángshang	
ター	ターんツァイ	チゥあんシャん	

我	已经	还给	他	了。	わたしはもう彼に返しました。
wǒ	yǐjing	huángěi	tā	le	
ウォー	イーチん	ホワンケイ	ター	ラ	

しかし，これらの文では完成態の"了"を「介詞」の後に加えられることから，動詞＋介詞で動補連語をつくり，その後に賓語がつづく形式と考えます。介詞連語を前置する形式は動作・行為の場所，後置の形式は動作・行為の帰着点をしめします。

他	在	床上	躺着。	彼はベッドで横たわっている。〔横になっている〕
tā	zài	chuángshang	tǎngzhe	
ター	ツァイ	チゥあんシャん	タんチョ	

■ 練 習 問 題 30 ■

1 日本語に訳しなさい。

(1) 只要认真学习就能学好。　　(2) 只有认真学习才能学好。

(3) 请你替我上街买东西。

> 注　认真　：まじめな；真剣に
> 　　　rènzhēn
> 　　　レンチェン

2 中国語に訳しなさい。

(1) この種のミカンは生産量が多いばかりでなく，その上に味もよい。
(2) たとえ水の中に入れても，はっきり見えます。
(3) 君は行きたくなければ，むりに行くまでもない。

> 注　ミカン：橘子
> 　　　　　　júzi
> 　　　　　チュイツ

3 次の複文を a～c にかかげる3種の意味関係に訳しなさい。

　　他来，我去。

　a．因为～所以～　　　b．虽然～可是～　　　c．要是～就～

4 次の各組の語句から，声調のくみ合わせが同じものをえらび出しなさい。

(1) 不用――溶化　　(2) 汉语――代课　　(3) 既然――味道

(4) 便宜――水里　　(5) 手术――只要　　(6) 网球――所以

解答⇨155ページ

課外読物 I

珊　　瑚
shānhú
シァンフー

大海 退 潮 了。 海面上 露出了
dàhǎi tuì cháo le hǎimiànshang lùchūle

美丽 的 珊瑚, 有 红的, 有 白的, 还
měilì de shānhú yǒu hóngde yǒu báide hái

有 花的。 有的 像 鹿角, 有的 像
yǒu huāde yǒude xiàng lùjiǎo yǒude xiàng

扇面, 有的 像 菊花, 有的 像 树枝。
shànmiàn yǒude xiàng júhuā yǒude xiàng shùzhī

人们 看到 珊瑚 的 样子, 以为 它们
rénmen kàndào shānhú de yàngzi yǐwéi tāmen

是 长在 海底 的 植物。 其实 它们
shì zhǎngzài hǎidǐ de zhíwù qíshí tāmen

不 是 植物, 是 珊瑚虫 分泌出来 的
bú shì zhíwù shì shānhúchóng fēnmìchūlái de

石灰质。 珊瑚虫 是 浅海里 的 一 种
shíhuīzhì shānhúchóng shì qiǎnhǎili de yì zhǒng

小 动物。 珊瑚虫 长着 花瓣 一样 的
xiǎo dòngwù shānhúchóng zhǎngzhe huābàn yíyàng de

触手, 触手 中间 有 一 张 很
chùshǒu chùshǒu zhōngjiān yǒu yì zhāng hěn

小 xiǎo シィアオ	的 de タ	嘴， zuǐ ツゥエ	猎取 lièqǔ リィエチュイ	比 bǐ ピー	它 tā ター	更 gèng コん	小 xiǎo シィアオ
的 de タ	生物 shēngwù ショんウー	当 dàng タん	食物。 shíwù シーウー	它们 tāmen ターメン	不断地 búduànde プゥートゥアンタ		分泌 fēnmì フェンミー
石灰质， shíhuīzhì シーホエチー	这 zhèi チェイ	些 xiē シィエ	石灰质 shíhuīzhì シーホエチー	连在 liánzài リィエンツァイ	一起， yìqǐ イーチー		就 jiù チィウ
形成了 xíngchéngle シんチょんラ	各种各样 gèzhǒng-gèyàng コォーチゅんコォーヤん		的 de タ	珊瑚。 shānhú シャンフー			

よみものⅠ　サ　ン　ゴ

〔ひとこと〕　南の海をいろどるサンゴについて，わかりやすく説明した文。中国語では，このような科学的な内容をもつ文章の方が小説などよりやさしい。

〔日本語訳〕　海は潮がひきました。海面に美しいサンゴが姿をあらわしました。赤いのがあり，白いのがあり，それからしま模様のもあります。あるものはシカの角に似ているし，あるものは開いた扇に似ているし，あるものはキクの花に似ているし，あるものは木の枝に似ています。人びとはサンゴのかたちを目にして，それらが海底に生えている植物だと思ってしまいます。しかし実はそれらは植物ではなく，サンゴ虫が分泌して出した石灰質なのです。サンゴ虫は浅い海の中の一種の小動物です。サンゴ虫には花弁のような触手がそなわっていて，触手の間に小さな口がひとつあり，それよりさらに小さい生物を捕えて食物にします。それらはたえず石灰質を分泌し，それらの石灰質がいっしょにつながって，さまざまのサンゴをかたちづくっています。

大海　　退　　潮　　了。
(主)　　(動)　(賓)　(助)

海面上　　　露出了
(主)　　　　(動)
美丽　的　　珊瑚，
(定)　　　(賓)

(珊瑚)　　有　　红的，　有
(主)　　(動)　(賓)　　(動)
白的，　还　　有　　花的。
(賓)　(状)　(動)　　(賓)
　　　　有的　　像　　鹿角，　有的
　　　　(主)　(動)　(賓)　　(主)
像　　扇面，　有的　　像
(動)　(賓)　　(主)　　(動)
菊花，　有的　　像　　树枝。
(賓)　　(主)　(動)　(賓)

人们　　看到　　珊瑚　的
(主)　　(動)　　　　(定)
样子，　(人们)　　以为
(賓)　　(主)　　　(動)
它们　是　长在　海底　的　植物。
　　　　　(賓・主述連語)

其实　它们　　不　　是
(状)　(主)　(状)　(動)
植物，　(它们)　　　是
(賓)　　(主)　　　(動)

〔大海〕　この場合、"大"には意味がない。「海」。2音節語にととのえるための成分。
〔退潮〕　「潮がひく」。賓語の"潮"が意味上の主体となる。
〔海面上～〕　「海面に～」。これを主語とする現象文（第10課）。
〔露出〕　「表面に出る」。
〔美丽〕　「美しい」。後に"的"を置き定語（修飾語）となる。
〔红的〕　"的"で名詞相当語となる。「赤いもの」。
〔还〕　「その上、なお」。
〔花的〕　「しま模様のもの」。
〔有的〕　"有的～，有的～……"と二つ以上ならぶ。「あるものは～、またあるものは～」。
〔像〕　「似ている」。
〔鹿角〕　「シカの角」。
〔扇面〕　ここでは、扇を開いた形状を指している。
〔树枝〕　「木の枝」。
〔人们〕　「人びと」。複数形。
〔看到〕　「～を目にする」。
〔样子〕　「かたち；かっこう」。
〔以为〕　「～と思いこむ」。賓語として"它们"以下の主述連語がつづく。
〔它们〕　人以外の事物を指す代名詞の複数。「それら」。
〔长在海底〕　「海底に生えている」。"海底"は"在"の帰着点（第30課）。後につづく"植物"の定語となる。
〔植物〕　「植物」。
〔其实〕　「（ところが）実は」。以下の文にかかる副詞。
〔不是～是～〕　「～ではなくて、～である」。

珊瑚虫　分泌出来　的　　石灰质。
　（定・主述連語）　　　（賓）

　　　珊瑚虫　　　　是
　　　　（主）　　　（動）
浅海里　的　　一　种　　小
　（定）　　　（定）　　（定）
动物。
（賓）

　　　珊瑚虫　　　长着
　　　　（主）　　　（動）
花瓣　一样　的　　触手,
　（定）　　　　　（賓）

　　　触手　中间　　有
　　　　（主）　　　（動）
一　张　　　很　小　的
（定）　　　　（定）
嘴,　　　猎取
（賓）　　（動）
比　它　更　小　的
　（定・介詞連語＋形容詞述語）
生物　当　食物。
（賓）（動）（賓）

　　　它们　　不断地　　分泌
　　　（主）　　（状）　　（動）
石灰质,
（賓）

　　　这　些　　石灰质
　　　　（定）　　（主）
连　在　一起,　就　形成了
　（動）　　　（状）　（動）
各种各样　的　　珊瑚。
　　（定）　　　　（賓）

〔珊瑚虫〕　「サンゴ虫」。
〔分泌出来〕　"出来"は内から外に向かう意味の方向補語。「分泌して出す」。
〔石灰质〕　「石炭質」。
〔浅海里〕　「浅い海の中の」。
〔一种〕　「一種の」。
〔小动物〕　「小（さい）動物」。

〔长着〕　「生えている」。
〔花瓣〕　「花弁」。
〔一样〕　名詞＋"一样"で「～同様の」とたとえていう。"触手"（「触手」）の定語となっている。
〔中间〕　「～のあいだに」
〔一张～嘴〕　"张"は"嘴"の量詞。「ひとつの口」。
〔猎取〕　「えものを捕える」。
〔比它〕　「それよりも」。
〔更小〕　「ずっと小さい」。
〔生物〕　"比"以下が定語。
〔当〕　「～とする」。
〔食物〕　「食物」。

〔不断地〕　「たえず」。"地"は副詞の語尾。

〔这些〕　「これらの」。
〔连在一起〕　「いっしょにつながる」。"～在"で帰着点をしめす。"长在海底"と同じ。"一起"は「同じところ」。
〔就〕　前文を条件として受け、結果をしめす。「～すると」。
〔形成了〕　「かたちづくった」。
〔各种各样〕　「いろいろの」。

課外読物 II

濫竽充数
làn yú chōng shù
ラン ユィ チゅン シゥー

齐 宣王 喜欢 听 吹 竽, 每次
qí xuānwáng xǐhuan tīng chuī yú měicì

总是 叫 三百 人 合奏。有 个
zǒngshì jiào sānbǎi rén hézòu yǒu ge

叫 南郭 的 人, 根本 不 会 吹
jiào nánguō de rén gēnběn bú huì chuī

竽, 却 找上 门 来, 自我 介绍
yú què zhǎoshàng mén lái zìwǒ jièshào

说:"我 是 一 个 吹 竽 的
shuō wǒ shì yí ge chuī yú de

能手。" 齐 宣王 高兴地 把 他 留下,
néngshǒu qí xuānwáng gāoxìngde bǎ tā liúxià

跟 其他 吹 竽 的 人 一样, 给了
gēn qítā chuī yú de rén yíyàng gěile

他 很 好 的 待遇。合奏 时, 南郭
tā hěn hǎo de dàiyù hézòu shí nánguō

装着 吹 竽 的 样子, 可是 因为
zhuāngzhe chuī yú de yàngzi kěshì yīnwei

人 多, 齐 宣王 没有 发现 他
rén duō qí xuānwáng méiyou fāxiàn tā

不	会	吹	竽。	后来	齐	宣王	死
bú	huì	chuī	yú	hòulái	qí	xuānwáng	sǐ
プー	ホエ	チュイ	ユィ	ホウライ	チー	シュワンわん	スー

了。	他	的	儿子	齐	潛王	也	很
le	tā	de	érzi	qí	mǐnwáng	yě	hěn
ラ	ター	タ	アルツ	チー	ミンワん	イエー	ヘン

喜欢	听	吹	竽,	但	他	不	愿意
xǐhuan	tīng	chuī	yú	dàn	tā	bú	yuànyi
シーホワン	ティん	チュイ	ユィ	タン	ター	プー	ユァンイ

听	合奏,	叫	吹	竽	的	人	独奏。
tīng	hézòu	jiào	chuī	yú	de	rén	dúzòu
ティん	ホォーツォウ	チアオ	チュイ	ユィ	タ	レン	トゥーツォウ

这样,	南郭	再	也	混不下去,	只好
zhèyàng	nánguō	zài	yě	hùnbuxiàqù	zhǐhǎo
ヂョーヤん	ナンクゥオ	ツァイ	イエー	ホェンプゥシァ**チュイ**	チーハオ

偷偷地	溜掉	了。
tōutōude	liūdiào	le
トウトウタ	リィウティアオ	ラ

よみものⅡ 能力のない者を入れ，頭数を揃える話

〔ひとこと〕　"滥竽充数"は《韓非子》に見える故事から生まれた成語。

〔日本語訳〕　斉の宣王は竽（う・笙に似た古代楽器）を吹くのを聞くのが好きで，毎回かならず300人に合奏させました。南郭という人がいましたが，まったく竽が吹けないのにたずねてやって来て自己紹介し，「わたしは竽を吹く名手（たる，ひとり）です」と言いました。斉の宣王はよろこんで彼をとどめておき，そのほかの竽を吹く人と同様に，彼にとてもよい待遇をあたえました。合奏するとき，南郭は竽を吹くかっこうをよそおいましたが，人が多いため，斉の宣王は彼が竽を吹けないのに気づきませんでした。その後，斉の宣王は亡くなりました。彼の息子である斉の潛（びん）王も竽を吹くのを聞くのがたいへん好きでしたが，彼は合奏を聞きたがらず，竽を吹く人に独奏させました。こうなると，南郭はもはやこれ以上ごまかしつづけられず，しかたなくこっそり（逃げて）消えてしまいました。

齐宣王(主) 喜欢(动) 听吹竽(宾・动宾连语),

每次(状) 总是(状) 叫(动) 三百人(宾・兼语) 合奏(动)。

有(动) 个(定) 叫(定・动宾连语) 南郭的 人(宾・兼语), 根本(状) 不(状) 会(动) 吹竽(宾・动宾连语), 却(状) 找上(动) 门(宾) 来(动), 自我(状) 介绍(动) 说(动):"我(主) 是(动) 一(定) 个 吹竽的(定・动宾连语) 能手(宾)。"

齐宣王(主) 高兴地(状) 把他(状・介词连语) 留下(动), (齐宣王)(主) 跟其他吹竽的(状・介词连语) 人 一样(状), 给了(动) 他(宾) 很好的(定) 待遇(宾)。

〔齐宣王〕　戦国時代の斉の国の君主である宣王。
〔喜欢〕　「～を好む」。"听"以下の動賓連語を賓語とする。
〔听吹竽〕　動賓連語"吹竽"が動詞"听"の賓語。「竽を吹くのを聞く」。竽は笙に似た古代の楽器。
〔每次〕　「毎回」。
〔总是〕　「(例外なく) かならず」。
〔叫〕　使役動詞。「～に～させる」。
〔三百人〕　"人"は量詞と兼用。
〔合奏〕　「合奏する」。
〔有个〕　"有一个"の略。話の場に話題をみちびく。
〔叫～的人〕　「～と呼ぶ人」。兼語となって後の述語に対する主語になる。"南郭"は姓。
〔根本〕　「まるっきり」。
〔会〕　可能の助動詞。練習や経験を積んだ結果「できる」。
〔却〕　逆接。「～なのに」。
〔找上门来〕　"找"は「たずねる」。方向補語"上来"は近づく意。中間に賓語が入る。
〔自我介绍〕　「自己紹介する」。
〔能手〕　「名手」。
〔高兴地〕　「よろこんで」。
〔把他〕　「彼を」。処置文。
〔留下〕　「とどめておく」。

〔跟～一样〕　「～と同様に」。
〔其他〕　"人"の定語になる。
〔给了〕　二重賓語をとる。「～に～をあたえた」。完成態。
〔待遇〕　"很好的"が定語で、「とてもよい待遇」。

合奏　　时，　南郭　　装着
　　　（状）　　　　（主）　　（動）
吹　竽　的　　　样子,　可是
（定・動賓連語）　　（賓）　（接）
因为　　　人　　多，齐　宣王
（接）　　（主）　（述）　（主）
没有　　发现
（状）　　（動）
他　不　会　吹　竽。
　　（賓・主述連語）
　　　后来　　齐　宣王　　死
　　　（状）　　（主）　　　（動）
了。
（助）
　　　　　他　的　儿子　齐
　　　　　（主・同格修飾語＋中心語）
滑王　也　　很　　喜欢
（状）（状）　　　　（動）
听　吹　竽,　但　他
（賓・動詞＋動賓連語）（接）（主）
不　　愿意　　听　合奏,
（状）　（動）　　（賓・動賓連語）
（他）　　叫
（主）　　（動）
吹　竽　的　人　独奏。
（賓・兼語）　　　　（動）
　　　　这样,
　　　　（状）
南郭　再　也　混不下去,
（主）　（状）（状）（動・可能補語）
（他）只好　偷偷地　溜掉
（主）　（状）　（状）　（動）
了。
（助）

〔合奏〕　「合奏する」。
〔〜时〕　動詞句などの後に置いて「〜するとき」。
〔装着〕　「〜のふりをする」。
〔〜的样子〕　「〜する様子」。
〔可是〕　逆接。「しかし」。
〔因为〕　「〜なので」。
〔发现〕　「発見する」。後に主述連語が賓語としてつづく。
〔后来〕　「それから；その後」。
〔死了〕　「亡くなった」。
〔儿子〕　後の"齐滑王"と同格の修飾語になる。「むすこ」。
〔滑王〕　戦国時代斉の国の国王。
〔也〕　「〜も同様に」。
〔喜欢〕　後の"听吹竽"を賓語として「〜を好む」。
〔听吹竽〕　「竽を吹くのを聞く」。"吹竽"が賓語。
〔但〕　＝"但是"。「しかし」。
〔愿意〕　願望の助動詞。後の動賓連語を賓語としている。
〔叫〕　使役。「〜に〜させる」。
〔独奏〕　「独奏する」。
〔这样〕　前の文を受けて「こうなると〜；こうして〜」。
〔再也〜〕　後に否定をあらわす語句がつづき「もはやこれ以上、二度と〜しない」。
〔混不下去〕　"混"は「本物に見せかける；かたる」。後の方向補語"下去"は動作をひきつづき行う意味。"不"が中間に加わり、不可能形。
〔只好〕　「〜するしかない」。
〔偷偷地〕　「こっそりと」。
〔溜掉〕　"掉"は結果補語（第20課）。「そっと抜け出す」。

課外読物 Ⅲ

磨 杵 成 针
mó chǔ chéng zhēn
モォー チゥー チョン チェン

李白 小时候 不 太 喜欢 读
lǐbái xiǎoshíhou bú tài xǐhuan dú
リーパイ シィアオシーホウ プゥー タイ シーホワン トゥー

书， 常常 出去 玩儿。 有 一 次， 他
shū chángcháng chūqu wánr yǒu yí cì tā
シゥー チャんチャん チゥーチュイ ワル ヨーウ イー ツー ター

看见 一 个 老奶奶 在 磨 一
kànjian yí ge lǎonǎinai zài mó yì
カンチィエン イー コ ラオナーイナイ ツァイ モォー イー

根 铁杵。 李白 觉得 很 奇怪， 就
gēn tiěchǔ lǐbái juéde hěn qíguài jiù
ケン ティエチゥー リーパイ チュエト ヘン チークゥイ チィウ

问： "你 在 干 什么 呀？" 老奶奶
wèn nǐ zài gàn shénme ya lǎonǎinai
ウェン ニー ツァイ カン シェンマ ヤ ラオナーイナイ

头 也 不 回， 一边 磨 她 的
tóu yě bù huí yìbiān mó tā de
トウ イエー プゥー ホエ イーピィエン モォー ター タ

铁杵， 一边 回答 说： "我 要 把
tiěchǔ yìbiān huídá shuō wǒ yào bǎ
ティエチゥー イーピィエン ホエター シゥオ ウォー ヤオ パー

铁杵 磨成 绣花针！" 李白 说： "铁杵
tiěchǔ móchéng xiùhuāzhēn lǐbái shuō tiěchǔ
ティエチゥー モォーチョん シィウホワチェン リーパイ シゥオ ティエチゥー

这么 粗， 什么 时候 才 能 磨成
zhème cū shénme shíhou cái néng móchéng
チョーモ ツゥー シェンマ シーホウ ツァイ ノん モォーチョん

绣花针 呢？" 老奶奶 说： "我 今天
xiùhuāzhēn ne lǎonǎinai shuō wǒ jīntiān
シィウホワチェン ナ ラオナーイナイ シゥオ ウォー チンティエン

磨,	明天	磨,	铁杵	越	磨	越	细,
mó	míngtiān	mó	tiěchǔ	yuè	mó	yuè	xì
モォー	ミンティエン	モォー	ティエチゥー	ユエ	モォー	ユエ	シー
总	有	一	天	会	磨成		绣花针
zǒng	yǒu	yì	tiān	huì	móchéng		xiùhuāzhēn
ツォん	ヨーウ	イー	ティエン	ホエ	モォーチョん		シゥホワチェン
的."	李白	听了	她	的	话,	心里	想:
de	lǐbái	tīngle	tā	de	huà	xīnli	xiǎng
タ	リーパイ	ティんラ	ター	タ	ホワ	シンリ	シィアん
不错,	做	事情	只要	坚持下去,		总	会
búcuò	zuò	shìqing	zhǐyào	jiānchíxiàqu		zǒng	huì
プッツウオ	ツゥオ	シーチん	チーヤオ	チィエンチーシィアチュイ		ツォん	ホエ
做好	的.						
zuòhǎo	de						
ツゥオハオ	タ						

よみもの Ⅲ　鉄の棒でも，とげば針になる話

〔ひとこと〕　唐代の詩人として有名な李白の子どものころのエピソードです。

〔日本語訳〕　李白は小さいころあまり勉強するのが好きでなく，いつも遊びに出かけていました。あるとき，彼はひとりのおばあさんがちょうど一本の鉄の棒をといでいるのを目にしました。李白はふしぎに思ってたずねました。「あなたはなにをしているところですか？」。おばあさんはふりかえりもしないで，彼女の鉄の棒をとぎながら答えて申しました。「わたしは鉄の棒をといで，ししゅう針にするのです！」。李白は言いました。「鉄の棒はこんなに太いのに，いつになったら，ししゅう針にとぎ上げられるのですか？」。おばあさんは，「わたしはきょうといで，あしたといで，鉄の棒はとげばとぐほど細くなるから，きっといつの日か，ししゅう針にとぎ上がるはずなのです」と言いました。李白は彼女のことばを聞き，心の中で「その通りだ，仕事をする（とき）には，がんばりつづけさえすれば，かならず仕上がるにちがいないのだ」と思いました。

李白　　小时候　　不
　(主)　　　(状)　　　(状)
太　喜欢　读　书，
(状)　(動)　(賓・動賓連語)
(他)　常常　出去　玩儿。
(主)　(状)　動(連述連語)
　　有　一　次，　他
　　　　(状)　　　(主)
看见
(動)
一　个　老奶奶　在　磨
　(賓・主述連語——定+主+状+動)
一　根　铁杵。
　+賓
　　李　白　　　觉得
　　　(主)　　　　(動)
很　奇怪，　就　问：
(賓・修飾連語)　(状)　(動)
"你　在　干　什么
(主)　(状)　(動・動賓連語)
呀？"
(助)
老奶奶　头　也　不　回，
(主)　　(動・主述連語)
一边　磨　她　的　铁杵，
(状)　(動)　(賓・修飾連語)
一边　回答　说：
(状)　(動・連述連語)
"我　要　把　铁杵
(主)(動)　(状・介詞連語)
磨成　绣花针！"　李　白
賓(動賓連語)　　　(主)
说：
(動)
"铁杵　这么　粗，
(主)　(状)　(形述)
什么　时候　才　能
　(状)　　　(状)　(動)

〔小时候〕　「小さいころ」。
〔不太〜〕　"不大〜"ともいう。
　　「あまり〜でない」。
〔读书〕　「本を読む──→勉強する」。"喜欢"の賓語となる。
〔常常〕　「いつも」。
〔出去玩儿〕　「遊びに出る」。
〔有一次〕　「あるとき」。

〔老奶奶〕　「おばあさん」。
〔在〕　="正在"。動作の進行。
〔磨〕　「とぐ；みがく」。
〔一根铁杵〕　"根"は量詞。"杵"は「(きぬた用の)棒」
〔觉得〕　「(〜と)思う」。
〔奇怪〕　「ふしぎである」。
〔就〕　「(〜すると)すぐに」。
〔问〕　「たずねる」。
〔干什么〕　"在"が加わって、「なにをしているところか」。
〔呀〕　文末助詞"啊"と同じ。語気をやわらげる。
〔头也不回〕　"回头"の賓語を主語の位置に移し強調した形式。「頭もふりかえらず」。
〔一边〜一边〜〕　「〜しながら〜する」。
〔回答〕　「答える」。後に"说"を置き返事の内容をみちびく。
〔要〕　「〜したい」。助動詞。
〔这么〕　「このように」。
〔粗〕　「(棒などが)太い」。
〔什么时候〕　「いつ」。
〔才〕　前に時をあらわす語句を置き「それではじめて；〜になってやっと」と，後につづく事態の発生がおそいことをしめす。
〔能〜〕　「〜できる」。

磨成　　绣花针　　呢？"
(賓・動賓連語)　(助)
　　　老奶奶　　说：
　　　　(主)　　(動)
"我　　今天　　磨，　明天
(主)　(状)　　(動)　(状)
磨，　铁杵　越　磨　　越
(動)　(主)　(状)　(動)　(状)
细，　总　有　　一　　天
(形述)(状)(動)　　(賓)
会　　磨成　　绣花针　　的。"
(動)　(賓・動賓連語)　(助)

　　　李　白　　　听了
　　　(主)　　　(動)
她　的　话，（他）　心里
(賓・修飾連語)　(主)　(状)
想：　　不错，　做　事情
(動)　　(形述)　(主・動賓連語)
只要　　坚持下去，　总　会
(接)　　(動)　　(状)(動)
做好　　　的。
(賓・動補)　(助)

〔呢〕　疑問文で「いったい〜」と
　　　いぶかしく思う気持をあらわす。

〔今天〕　「きょう」。
〔明天〕　「あした」。
〔越〜越〜〕　「〜すればするほ
　　　ど，ますます〜」。
〔細〕　「細い」。
〔総〕　「どうあろうとも，結局は
　　　（例外なく）きっと」。
〔有一天〕　「いつか，ある日」の
　　　意味だが，くみたては"有"以
　　　下を連述連語と見てよい。
〔会〕　可能性をあらわす場合で
　　　「〜するはずである」の意。
〔的〕　助動詞や副詞などで話し手
　　　の主観的な判断を下す語と呼応
　　　し，肯定的な語気をあらわす文
　　　末助詞。ここでは"会〜的"の
　　　形式になっている。

〔她的話〕　「彼女のことば」。
〔心里想〕　「心中〜と思った」。
〔不错〕　「その通りだ」。
〔做事情〕　このように動賓連語を
　　　主語の位置に置くと，「〜のとき
　　　には」の意味になる。「仕事をす
　　　るときには〜」。
〔只要〕　後の"総"が呼応し，
　　　「〜でありさえすれば，きっと
　　　〜」。多くは"就"と呼応する。
〔堅持下去〕　方向補語"下去"は
　　　つづけていく意。「がんばりぬ
　　　く；がんばりつづける」。
〔做好〕　「ちゃんと仕上げる」。
　　　"会"の賓語となり「仕上がるは
　　　ずである」。

課外読物 Ⅳ

金 魚 迷
jīnyúmí

小时候, 我 是 一 个 "金鱼迷"。 家里 多余 的 水缸, 差不多 都 让 我 养上 金鱼 了。 每天 放学 回来, 忙着 去 捞 鱼虫 给 金鱼 吃。 春末 夏初, 金鱼 产 卵 了, 我 真 高兴。

大人们 告诉 我, 金鱼 产 卵 的 时候, 可 不 能 在 旁边 大声 说 话。 如果 遇上 打 雷, 金鱼 卵 会 被 吓死 的。 不巧, 那 天 傍晚,

正好 遇上 打 雷 闪 电。我 急
zhènghǎo yùshàng dǎ léi shǎn diàn。wǒ jí
坏了, 心想, 这下子 金鱼 卵 全 完
huàile xīnxiǎng zhèxiàzi jīnyú luǎn quán wán
了, 再 也 不 会 孵出 小 金鱼
le zài yě bú huì fūchū xiǎo jīnyú
了。谁知 过了 几 天, 金鱼 卵里
le shéizhī guòle jǐ tiān, jīnyú luǎnli
出现 花纹。不久, 小 金鱼 出世 了。
chūxiàn huāwén。bùjiǔ, xiǎo jīnyú chūshì le。
我 高兴 极了。
wǒ gāoxìng jíle。

よみものⅣ　金魚マニア

〔ひとこと〕　科学もので著名な作家，叶永烈が少年時代を語る自伝の一節。

〔日本語訳〕　小さいとき，わたしはいっぱしの「金魚マニア」でした。家であまっている水がめは，ほとんどみなわたしに金魚を飼われてしまいました。毎日学校がひけ帰って来ると，急いでえさのミジンコをすくいに行き金魚に食べさせました。春の終りから夏の初めにかけ，金魚が産卵し，わたしはとてもよろこびました。

　おとなの人たちがわたしに，金魚が産卵するときはぜったいにそばで大声をあげてしゃべってはいけない，と教えてくれました。もし雷（がなるの）に出会ったら，金魚の卵はおどろかされて死んでしまうかも知れないのです。まずいことに，その日の夕方，ちょうど雷（がなるの）や，いなづま（が光るの）に出会ってしまいました。わたしはひどく気をもみ，内心，こんどは金魚はすっかりだめだ，もはや金魚の子どもはかえるわけがないと思いました。（ところが）意外なことに，なん日かして金魚の卵の中にしま模様があらわれました。やがて金魚の子が生まれました。わたしは大よろこびでした。

小时候，我是一个金鱼迷。
（状）　（主）（動）
一　个　金鱼迷。
（賓・修飾連語）

家里　多余　的　水缸，
（状）　（定）　　（主）
差不多　都　让　我
（状）　（状）（状・介詞連語）
养上　金鱼　了。
（動）　（賓）（助）

每天　放　学　回来，
（状）　　（動・連述連語）
忙着　去　捞　鱼虫
（状）（動）（賓・動賓連語）
给　金鱼　吃。
（動賓＋動・兼語連語）

春末　夏初　　金鱼　产
（状・並列連語）　（主）（動）
卵　了，我　真
（賓）（助）（主）（状）
高兴。
（形述）

大人们　告诉　我，
（主）　（動）　（賓）
金鱼　产　卵　的　时候，
（決・修飾連語——主述連語＋中心語）
可　不　能　在　旁边
（状）（状）（動）（状・介詞連語）
大声　说　话　。
（状）　（賓・動賓連語）

〔小时候〕「小さいとき」。
〔一个〕　"一"を略すこともある。「〜たる，ひとつ」の意で，文脈によって「ひとかどの；一介の」などとも訳せる。
〔〜迷〕　「〜マニア；〜狂」。
〔家里〕　「家（の中）で」。
〔多余〕　「あまっている」。
〔水缸〕　「水がめ」。
〔让〜〕　「〜に〜される」。
〔养上〕　"养"は「飼う」。補語"上"は実現をしめす。
〔每天〕　「毎日」。
〔放学〕　「学校がひける」。
〔回来〕　「帰って来る」。
〔忙着〕　後の動詞に対し動作の方式をしめす。「急いで」。
〔去〜〕　「〜しに行く」。
〔捞鱼虫〕「（金魚のえさの）ミジンコをすくう」。
〔给金鱼吃〕"给金鱼"＋"金鱼吃"の兼語文（第24課参照）。「金魚に食べさせる」。
〔春末夏初〕「晩春から初夏にかけて」。
〔产卵〕　「産卵する」。
〔真高兴〕　"真"は程度の強調。「ほんとうにうれしい」。

〔大人们〕「おとなの人たち」。
〔告诉〕　「知らせる；教える」。
〔〜的时候〕「〜するとき」。
〔可〕　述語の前に置き，語気を強める。「ぜったいに」。
〔不能〕　「できない→〜してはいけない」。
〔在旁边〕「そばで」。
〔大声〕　「大声で」。
〔说话〕　「話をする」。

如果 遇上 打雷，
(接)(動)(賓・動賓連語)
金鱼 卵 会 被
(主・修飾連語)(動)(状)
吓死 的。
(賓・動補)(助)

不巧，那 天 傍晚，
(状)(状・修飾連語)
正好 遇上
(状)(動)
打雷 闪电。
(賓・並列連語——動賓＋動賓)

我 急 坏了， 心想，
(主)(動・動補連語)(動)
这下子 金鱼 卵 全
(状)(主・修飾連語)(状)
完 了， 再 也 不
(動)(助)(状)(状)(状)
会 孵出 小 金鱼
(動)(賓・動賓連語)
了。
(助)

谁知 过了 几 天，
(状)(動)(数量賓語)
金鱼 卵里 出现 花纹。
(主・修飾連語)(動)(賓)
不久，小 金鱼 出世
(状)(主・修飾連語)(動)
了。
(助)

我 高兴 极了 。
(主)(形述)(程度補語)

〔如果〕 ＝"要是"。「もしも〜ならば」。ふつうは後に"就"を置いて呼応させる。
〔遇上〕 「出会う」。
〔打雷〕 「雷がなる」。
〔金鱼卵〕 "金鱼的卵"の略。
〔会〕 後の助詞"的"と呼応し「〜するにちがいない」。
〔被〕 受け身の介詞だが、ここでは後の行為者を略している。
〔吓死〕 「おどろいて死ぬ」。
〔不巧〕 「まずいことに」。
〔那天傍晚〕 「その日＋夕方」→「その日の夕方」。
〔正好〕 「ちょうど」。
〔闪电〕 「いなづまが光る」。

〔急坏了〕 "坏了"は強調の程度補語。「ひどくあわてる」。
〔心想〕 ＝"心里想"(P.147参照)。
〔这下子〕 「こんど；今回」。
〔全〕 「すべて；すっかり」。
〔完了〕 「だめになる」。
〔再也〜〕 後に否定の語句を置き、「もはや〜しない」。
〔会〕 「〜するはずである」。
〔孵出〕 補語"出"は外にあらわれる意。「卵がかえる」。
〔谁知〕 "谁知道"の略。「意外にも」。
〔过了几天〕 "几"は不定の数量。「いく日か過ぎて」。
〔〜卵里〕 「金魚の卵の中に」。
〔出现花纹〕 現象の表現。「模様があらわれる」。
〔不久〕 「やがて」。
〔出世〕 「生まれ出る」。
〔〜极了〕 強調の程度補語。

練習問題解答

練習問題 1（p.19）

① (1)彼は来ました。 (2)彼女は来ません。 (3)来ないことにしました─→来るのをやめました。 ② (1)我没喝。 (2)来，你喝吧。 (3)我不喝了。 ③ (1) b (2) c (3) a

練習問題 2（p.23）

① (1)病気がよくなった。 (2)天気がよくなった。 (3)天気が悪くなった。 ② (1)他很高。 (2)我不高。 (3)他们也很高。 ③ (1)× (2)○ (3)○

練習問題 3（p.27）

① (1)これはあなた方の〔もの〕です。 (2)彼のカバンはこれです。 (3)彼は林さんではありません。 ② (1)这个是我的行李。 (2)这是林夫人。 (3)这都是你的。 ③ (1) c (2) a (3) b

練習問題 4（p.31）

① (1)あしたは金曜日です。 (2)きのうは晴天でした。 (3)彼らはみな北京の出身です。 ② (1)今天二号。 (2)现在两点二十二分。 (3)今年两岁了。 ③ (1) c (2) a (3) b

練習問題 5（p.35）

① (1)わたしはどんぶりで飲みます。 (2)わたしはあなたにお金をあげません。 (3)彼はまだ出かけていません。 ② (1)吃了药就来。 (2)他还没〔有〕吃午饭。 (3)我吃了两碗饭。 ③ (1) a (2) c (3) b

練習問題 6（p.39）

① (1)わたしは日本語を1年間学びました。 (2)毎日1時間新聞を見ます。 (3)彼が来て2年になりました。 ② (1)病了一个星期。 (2)等了半个月了。 (3)他说了我一顿。 ③ n：a，c，d　ng：b，e，f

練習問題 7（p.43）

① (1)どうぞちょっとお待ちください。 (2)わたしはしばらく待ちました。 (3)わたしは〔もうこれまでに〕しばらく待ちました。 ② (1)我愿意说一说。 (2)你应该说一说。 (3)你要说一说。 ③ (1) a (2) b (3) a〔習得した結果できる，という場合〕 ④ (4)(3)(5)(6)(2)(1)

練習問題 8（p.47）

① (1)あしたはひまがあります。 (2)わたしは中国の本を2冊持っています。 (3)あなたの荷物はここにあります。 ② (1)这儿有一张床。 (2)我的书包在那儿。 (3)他们都不在家。 ③ (1)个 (2)碗 (3)枝 (4)条 (5)把 (6)辆 ④ (1)(3)(4)

練習問題 9（p.51）

① (1)彼らはみなあなたを待っています。 (2)壁に字が書いてあります。 (3)家に2人の子どもがいます。 ② (1)他正在吃〔着〕晚饭呢。 (2)手里拿着一把伞。．(3)他看着报呢。 ③ (1)我没带着表呢。 (2)公园里有一家饭馆。 (3)北京有一个动物园。 ④ (1)(3)(4)

練習問題 10（p.55）

① (1)近所で子どもが1人死んだ。 (2)きのうは大風が吹かなかった。 (3)後から自動

車が１台来た。　　②(1)那位客人来了。　(2)外面下着雪呢。　(3)身上出了汗了。
③(1)昨天发生了一件大事。　(2)前天走了一个人。　(3)屋子外面很冷。　④(3)(2)(4)
(5)(1)(6)

練習問題 11（p.59）
①(1)彼は来ましたか？　(2)みんなは食事をすませました。　(3)お元気ですか？──おかげさまで元気です。　②(1)〔你〕去过北京吗？　(2)〔我〕没〔有〕去过北京。(3)你唱这个歌儿吗？　または，你唱不唱这个歌儿？，你唱这个歌儿不唱？　③(1)见过一次面。(2)睡过一次午觉。(3)吃过一次日本菜。それぞれ量詞"次"を"回"としてもよい。　④(1)见，面　(2)三，饭　(3)睡，回　(4)从，次　(5)家，觉　(6)大，都

練習問題 12（p.63）
①(1)わたしはこのニュースを知りません。　(2)あなたはいつ彼に知らせますか？　(3)だれもみな中国料理〔を食べるの〕が好きです。　②(1)你买什么？　(2)哪个都好。(3)你为什么〔＝怎么〕没〔有〕来？　③(1)你家在哪儿？　(2)你们学校在哪儿？　(3)你们公司在哪儿？　注 相手の学校や会社など集団についてたずねる場合は"你"よりも"你们"を使う方が自然です。　④(1)×　(2)○　(3)○　(4)×　(5)×

練習問題 13（p.67）
①(1)朝わたしたちはパンを食べます。　(2)このペンはまだ試してみたことがない。(3)すべての方法がみなだめです。　②(1)他已经走了。　(2)这件事不能怪你们。(3)买东西不容易。　③(1)报看完了。　(2)信写完了。　(3)酒喝完了。　④(1)○(2)×　(3)○　(4)×　(5)×

練習問題 14（p.71）
①(1)だれが知らないものか→だれも知っている。　(2)たくさん聞いたり話したりするのは，ためになります。　(3)気をつけて！　自動車が来た。　②(1)我们先看看吧。　(2)你们研究研究吧。　(3)坐坐，喝一杯水！　③(1)她笑了笑就走了。　(2)你们练习练习吧！（第７課§４参照）(3)你怎么不问问我们？　④(2)(5)(6)

練習問題 15（p.75）
①(1)あなたのセーターはどれですか？　(2)わたしは１日じゅう自動車に乗りました。(3)彼は木造の家を１けん買いました。　②(1)那是一本很旧的书。　(2)这是我们年青人的骄傲。　(3)那是我父亲画的画儿。　③(1)ａ．これは彼の書いた本です。　ｂ．これが〔ほかでもなく〕彼の書いた本です。　(2)ａ．中国人である友人。　ｂ．中国にとっての友人。　④(2)(4)(5)

練習問題 16（p.79）
①(1)まだ時間があります。ゆっくり行きましょう。　(2)部屋の中はなぜひっそりしているのですか？　(3)彼は疑わしそうに「いいえ，彼女は行きません」と言いました。②(1)你应该好好儿休息。　(2)我糊里糊涂地过了一天。　(3)她热情地接待了客人。③(1)老老实实　(2)痛痛快快　(3)雪白雪白　④(2)(3)(4)

練習問題 17（p.83）
①(1)彼はベッドで新聞を見ています。　(2)これらはみなわたしが彼女に画いてあげたものです。　(3)中秋節までわずか１週間になりました。　②(1)大会从明天开始。(2)他家离学校不远。　(3)他拿玻璃杯喝开水。　③(1)他给我打了针了。　(2)他是第二次来的。　(3)他不用日文说话。　④(2)(4)(3)(1)(5)(6)

練習問題 18（p.87）
①(1)航空券はすでに予約ずみです。　(2)彼らは見つかりましたか？　(3)アメリカとフ

ランスは，わたしは〔両方とも〕行ったことがあります。　　② (1)他没〔有〕迟到。
(2)他们都爬上了树。　(3)他孩子考上了名牌儿中学。　　③　(1) c　(2) b　(3) d　(4) a
④　(1)(2)(3)(4)

練習問題 19（p.91）
① (1)このニュースを彼に知らせてはいけません。　(2)小さい子どもが紙を勝手に捨てる。　(3)あなた方はいっしょに部屋を片づけなさい。　　② (1)我没〔有〕把书带来。
(2)他连我们也〔＝都〕不认识。　(3)我把那个资料都丢了。　　③ (1)把茶拿来（了）。
(2)把饭吃完（了）。　(3)把墙挖了一个洞。　(4)把书包收拾一下。　　④　(1)(2)(5)

練習問題 20（p.95）
① (1)カバンが人にぬすまれてしまった。　(2)品物はみな彼に持って行かれてしまった。　(3)このニュースは彼らに知られてしまった。　　② (1)被他骂了一顿。　(2)那个扒手被捉住了。　(3)我的雨伞叫人拿错了。　　③ (1)卖掉　(2)看错　(3)站住　(4)折断
④　(1)(3)

練習問題 21（p.99）
① (1)天気は日ましに寒くなる。　(2)わたしのコートは彼のより高い。　(3)弟は兄と同様に頭がよい。　　② (1)你们去比我们去更好。　(2)今天早上没有昨天晚上热。　(3)这儿比那儿方便。　　③　(1)○　(2)○　(3)×　(4)×　　④　yī：(6)　yí：(3)(5)　yì：
(1)(2)(4)

練習問題 22（p.103）
① (1)わたしは新聞を見てから寝ます。　(2)彼は駅へ友人を迎えに行きます。　(3)わたしはビールを１本買って飲みたい。　　② (1)我没有钱借给他。　(2)我想买（一）本小说看。　(3)今天有可能刮大风。　　③ (1)去中国　(2)去玩儿　(3)骑自行车去　(4)一个人去
注　「中国に行く」は介詞を使って"到中国去"とも言えます。　　④　(1)(2)(4)

練習問題 23（p.107）
① (1)彼はわたしを帰さない。　(2)よく考えさせてください。　(3)わたしは彼を大会へ参加しに来るよう招きたい。　　② (1)这句话使他很高兴。　(2)我叫她收拾屋子。　(3)我派他到德国去。　　③　(1)(4)　　④　(3)(5)(6)

練習問題 24（p.111）
① (1)ここには彼を好きなひとはいません。　(2)わたしはあなたに本を１冊貸して読ませてあげます。　(3)どうぞわたしに水（または，お湯）を１杯飲ませてください。
② (1)他骂我是馋鬼。　(2)今天大家选他当代表。　(3)中国有个文学家叫老舍。　　③
(1)(4)　　④　(1)(4)(6)

練習問題 25（p.115）
① (1)見たところ，彼はとても勇敢です。　(2)彼はここから登って行きました。　(3)彼は本をみな持って帰って来ました。　　② (1)大家要团结起来。　(2)他跑进教室来了。
(3)她拿出一张相片来了。　　③ (1)唱起歌来　(2)○　(3)爬上树去　(4)走出屋子来　(5)○
④　(2)(4)

練習問題 26（p.119）
① (1)１人も見えません。　(2)この種類のものは食べられません。　(3)わたしはこんなにたくさんの料理は食べきれません。　　② (1)人多，坐不下。　(2)我们都想不出好办法来。　(3)我们都累了，已经站不住了。　　③ (1) a．吃不下　b．吃不起　(2) a．说不了　b．说不出来　　④ (1)(6)

練習問題 27 (p.123)

① (1)彼は毎日来るのが早い。　(2)はっきり聞こえますか？　(3)わたしは忙しくて新聞を見るひまがない。　② (1)他学得好不好？　(2)英语说得不大流利。　(3)她长得非常漂亮。　③ (1)下雨下得很大。　(2)笑得肚子都疼了。　(3)她跳舞跳得很好。　④ (1)(2)(3)

練習問題 28 (p.127)

① (1)この魚はどのくらいの重さがありますか？　(2)この小説の書き方はなんとつまらないのだろう！　(3)日本の人口は１億２千万あります。　② (1)这个葡萄甜极了！(2)这座桥有两千米长。　(3)那个人真高啊！　③ (1) b　(2) e　(3) d　(4) f　(5) a　(6) c　④ (1) 2　(2) 0　(3) 3　(4) 2，4　(5) 4，1，1

練習問題 29 (p.131)

① (1)あなたは今年20なん歳ですか？　(2)１日ではどうしても読み終えることができない。　(3)〔どのようでも〕あなたのしたいようにしなさい。　② (1)你要什么，就给你什么。　(2)到了十二点，他才睡（觉）　注 この文では文末の確認をしめす助詞"了"を必要としません。　(3)咱们到哪儿去散散步吧。　③ (1)你们学校有几千学生？　(2)你要多少我就给你多少。　(3)哪本书她都想看。　④ (5)(4)(3)(2)(6)(1)

練習問題 30 (p.135)

① (1)まじめに学びさえすれば習得できます。　(2)まじめに学ばなければ習得できません。　(3)どうぞわたしのかわりに町へ買物に行ってください。　② (1)这种橘子不但产量高，而且味道好。　(2)就是放在水里也看得清楚。　(3)你要是不想去，就不用勉强去。　注 "想"は"愿意"としてもかまいません。　③ (1)彼が来るので，わたしは行きます。　(2)彼は来るけれども，わたしは行きます。　(3)もし彼がきたら，わたしは行きます。　④ (1)(4)(5)　注 "便宜"は「適宜に」の意味になる場合なら biànyí。